Printed by Libri Plureos GmbH in Hamburg, Germany

AF114903

9 789358 721591

شیطان کی آنت

(طنزیہ مزاحیہ مضامین)

رشید احمد صدیقی

© Rasheed Ahmad Siddiqui
Shaitaan ki Aant *(Humorous Essays)*
by: Rasheed Ahmad Siddiqui
Edition: October '2024
Publisher :
Taemeer Publications LLC (Michigan, USA / Hyderabad, India)

ISBN 978-93-5872-159-1

مصنف یا ناشر کی پیشگی اجازت کے بغیر اس کتاب کا کوئی بھی حصہ کسی بھی شکل میں بشمول ویب سائٹ پر اَپ لوڈنگ کے لیے استعمال نہ کیا جائے۔ نیز اس کتاب پر کسی بھی قسم کے تنازع کو نمٹانے کا اختیار صرف حیدرآباد (تلنگانہ) کی عدلیہ کو ہو گا۔

©
رشید احمد صدیقی

کتاب	:	شیطان کی آنت (مضامین)
مصنف	:	رشید احمد صدیقی
صنف	:	طنز و مزاح
ناشر	:	تعمیر پبلی کیشنز (حیدرآباد، انڈیا)
سالِ اشاعت	:	۲۰۲۴ء
صفحات	:	۱۲۴
سرِ ورق ڈیزائن	:	تعمیر ویب ڈیزائن

فہرست

	کچھ اپنے کچھ ان مضامین کے بارے میں	6
(۱)	گواہ	9
(۲)	ماتابدل	16
(۳)	کارواں پیداست	27
(۴)	گھاگ	41
(۵)	آمد میں آورد!	46
(۶)	مغالطہ	55
(۷)	مثلث	67
(۸)	کچھ کا کچھ!	87
(۹)	سلام ہو نجد پر	93
(۱۰)	شیطان کی آنت	113

کچھ اپنے کچھ ان مضامین کے بارے میں

ان مضامین کو لکھے چھپے ۲۵-۳۰ سال ہوئے ہوں گے، اگر زیادہ نہیں۔ مختلف رسالوں کے لیے مخصوص حالات میں کبھی اپنی مرضی سے کبھی دوستوں اور عزیزوں کے اصرار پر لکھے۔ جو بات جس طرح ذہن میں آئی لکھ ڈالی۔ ایسا نہیں ہونا چاہیے تھا لیکن کیا کرتا "عقل سے شرمساری" کے وہ دن ایسے ہی تھے۔ اب تو بہت سے وہ مواقع اور واقعات بھی اچھی طرح یاد نہیں رہے جن کی طرف ان مضامین میں اشارے ملتے ہیں۔ گو اس زمانے میں ان کا بڑا چرچا تھا۔ ایسا نہ ہوتا تو وہ میرے اس "صحیفۂ اعمال" میں درج کیسے ہو جاتے۔ مکتبہ جامعہ دہلی نے جوں کا توں ان کا مجموعہ بھی "مضامین رشید" کے نام سے شائع کر دیا۔

اس سے بے خبر نہیں تھا کہ یہ کام جس روا روی یا غفلت میں انجام پایا ہے اس سے اس میں طرح طرح کی خامیاں راہ پا گئی ہوں گی۔ یہ جانتے ہوئے بھی کیا وہی جو سہل انگار، برخود غلط یا ناعاقبت اندیش ہمیشہ سے کرتے آئے ہیں اور کرتے رہیں گے۔ یعنی نفس کو دھوکے دیتا رہا کہ ایسی بھی کیا جلدی ہے، فرصت سے ان کی طرف توجہ کر دوں گا۔ یہ بھی ممکن ہے لوگ ان فروگذاشتوں پر درگذر سے کام لیں یا ان کے پاس اس سے بہتر کام کرنے کو ہوں یا اتنا بڑا

بن جاؤں کہ میری خامیاں بھی خوبیوں میں شمار ہونے لگیں. گو اس اندیشے سے بھی خالی نہ تھا کہ اگر آتنا ہی چھوٹا اور معمولی رہا جتنا کہ دراصل ہوں تو خوبیاں بھی خامیوں میں گنی جانے لگیں گی. دوسرے کو دھوکا دینے کی قابلیت یا ہمت نہ ہو تو اپنے ہی کو دے لینے سے نفس کو تشفی ہو جاتی ہے۔

ان اجزاء کو انجمن ترقی اردو (ہند) نے اپنے اہتمام میں شائع کرنے کا ارادہ کیا تو حسب عادت اس کو بھی آج کل پر ٹالتا رہا. دل یہی چاہتا تھا کہ انجمن اس ارادے سے باز آجائے تو میں نظر ثانی کرنے کی زحمت سے بچ جاؤں. لیکن ارباب انجمن کا مسلسل و مخلصانہ اصرار موجب آزار ہونے کے بجائے باعث غیرت اور وجہ افتخار دونوں محسوس ہونے لگا تو آمادہ ہو گیا. لکھنے کے بعد ان کو آج تک پڑھا نہیں تھا نہ چھپنے کے دوران میں نہ اس کے بعد اب جو دیکھتا ہوں تو بڑا کام رفو کا نکلا، جس پر شرمندگی ہوئی اس سے زیادہ پچھتاوا، تھوڑی سی ہنسی بھی آئی۔

جہاں تک ہو سکا زیادہ سے زیادہ کاٹ چھانٹ سے کام لیا. بعض مضامین حذف کر کے ان کے بجائے دوسرے رکھ دیے۔ بڑے نامساعد حالات میں یہ تکلیف دہ کام انجام دینا پڑا. پھر بھی جانتا ہوں کہ جو فرو گزاشت ہو چکی تھی، اس کا مداوا نہ ہو سکا۔ ہو بھی نہیں سکتا تھا. اب معلوم ہوا کہ آدمی فرشتوں ہی کے لکھے پر نہیں پکڑا جاتا اپنے لکھے پر اور زیادہ پکڑا جاتا ہے. فرشتوں کی تحریر پر تو ممکن ہے آخرت میں بخشائش کی کوئی صورت پیدا ہو جائے اپنی تحریر پر دنیا میں کوئی نہیں بخشا جاتا. اور کیا معلوم فرشتوں کا نام کس مصلحت سے لیا جاتا ہے ورنہ دراصل ہمارا نامۂ اعمال ہمارے سوا کوئی دوسرا لکھ ہی نہیں سکتا چہ جائیکہ وہ صرف فرشتہ ہو. یہ اور بات ہے کہ وہ دستاویز پہلے ہی سے تصنیف شدہ موجود ہو جس کو بقول غالب ہم اپنے نامۂ اعمال میں "نقل مطابق اصل" کرتے رہتے ہوں، اگر یہ ہے تو میں نے اپنے اس نامۂ اعمال میں جی کھول کر تحریف کی ہے.

بعض احباب نے اس طرح کی ترمیم و تنسیخ سے اختلاف کیا ان کے دلائل جتنے قوی تھے اتنے قوی وہ خود نہ تھے اس لیے دونوں میں سے کسی کو خاطر میں نہ لایا. میری طبیعت کی افتاد کچھ اس طرح کی ہے کہ چھپنے کے بعد اپنے مضامین کی وقعت اپنی ہی نظروں سے بالکل نہیں

گرجاتی تو بہت کم ہو جاتی ہے۔ زیرِ نظر مضامین جب لکھے گئے تھے اس وقت میں کچھ اور تھا۔ ساتھی اور تھے، باتیں اور تھیں، گردشِ لیل و نہار یا تقدیرِ الٰہی کچھ اور تھی، اب اور ہے۔ بدلے ہوئے حالات کا مناسب حد تک لحاظ رکھنا ضروری تھا۔ لکھنے والا کوئی ہو اس کو اپنا ہی نہیں، اپنے ناظرین اور اپنے معاشرے کا بھی جلد یا بدیر جواب دہ ہونا پڑتا ہے۔ مسخرے کو معلّم بنانا ستم ظریفی ہے لیکن معلّم کا مسخرہ بھی رہ جانا بدتوفیقی ہے۔

کچھ عزیزوں نے اس خواہش کا بھی اظہار کیا کہ ان مضامین کی روشنی میں زندگی۔ زمانہ۔ ادب۔ آرٹ۔ عورت وغیرہ کے بارے میں بھی کچھ عرض کروں۔ ان موضوعات پر کسی کے کہے بغیر کبھی کبھی اپنے جانے بغیر بھی تمام عمر کچھ نہ کچھ کہتا سنتا رہا ہوں اور شاید کوئی لکھنے والا ایسا نہ ہو جو ان سے باہر ہو کر لکھتا ہو تو پھر کیا ضرور کہ آج خاص طور پر ایسا کیا جائے۔ یہاں ان کا ذکر "در حدیث دیگراں" ہی تک رہے تو بہتر ہے ضمناً اس امر کا بھی اقرار کرنا چاہتا ہوں کہ میرے کرم فرما جتنا مجھے یا میری تحریر کو پسند فرماتے ہیں اس کا عشرِ عشیر بھی نہ میں اپنے کو پسند کرتا ہوں نہ اپنے ان مضامین کو۔

دوسری بات "باقرارِ صالح" یہ عرض کروں گا کہ سطورِ بالا میں کوئی بات بہ طورِ انکسار نہیں، سب از روئے اعتراف کہی گئی ہے۔

رشید احمد صدیقی

گواہ

گواہ قربِ قیامت کی دلیل ہے. عدالت سے قیامت تک جس سے مفر نہیں وہ گواہ ہے. عدالت مختصر نمونۂ قیامت ہے اور قیامت دبیلے پیمانہ پر نمونۂ عدالت. فرق یہ ہے کہ عدالت کے گواہ انسان ہوتے ہیں اور قیامت کے گواہ فرشتے جو ہمارے اعمال لکھتے ہیں اور خدا کی عبادت کرتے ہیں.

عدالت کو قیامت اور قیامت کو عدالت کی جو حیثیت حاصل ہے، وہ گواہ کے دم سے ہے جیساکہ کہا جاتا ہے آرٹ کو عورت سے ہے، گواہ عینی ہو یا سماعی، روایتی ہو یا پیشہ ور ہر حال میں گواہ ہے اس لیے ہر حال میں خطرناک. گواہ جھوٹا ہو یا سچّا عدالت کے لیے اس کا وجود اتنا ہی ضروری ہے جتنا برطانوی اقتدار کے لیے ہندوستان کی دولت اور ہندوستانیوں کی عبادت!

غالب نے انسان کو محشرِ خیال قرار دیا ہے. ممکن ہے اس کے اسباب میں وہ گواہ بھی ہوں جن کے بیان پر غالب کو اپنے عہدِ شاعری کا کچھ زمانہ جیل خانہ میں گزارنا پڑا تھا! گواہ کے تصور کے ساتھ ہمارے ذہن سے کتنے حالات وحادث گزر جاتے ہیں. گاؤں، تھانہ، بے آبروئی، کچہری، جیل خانہ جن کے مجموعے کا نام باغیوں نے ہندوستان اور وفا شعاروں نے

حکومت رکھا ہے۔

اصول یہ رکھا گیا ہے کہ ہر انسان پیدائشی جھوٹا اور ہر گواہ اصولاً سچا واقعہ کچھ ہو جب تک کوئی گواہ نہ ہو اس کا عدم یا وجود یکساں ہے۔ باعتبارِ واقعہ ممکن ہے کسی حادثہ کا گواہ نہ ہو لیکن جس طرح فطرت خلاءِ محض سے متنفر ہے اسی طور پر ضابطہ فوجداری سے متعلق جتنے واقعات ہو سکتے ہیں ان کو بھی تنہائی محض سے بیر ہے۔ جس طرح ہر خلاء کو پُر کرنے کے لیے ہوا یا اس کے بعض متعلقات دوڑ پڑتے ہیں اسی طرح ہر موقع واردات پر پولیس اور اس کے گواہوں کا پہنچ جانا لازمی ہے، اکثر ایسا بھی ہوا ہے کہ واردات سے پہلے گواہ پہنچ گئے، جیسے کبھی کبھی پولیس واردات کے بعد جائے وقوع پر پہنچنا بہتر سمجھتی ہے۔ قومی تنزل کی مانند گواہ بھی ہر جگہ ملتا ہے۔ اگر قومی تنزل کے انکشاف کے لیے ایک لیڈر کی ضرورت ہوتی ہے تو گواہ پیدا کرنے کے لیے کسی تھانے دار یا وکیل کا ہونا ضروری ہے۔

بعض مولوی وعظ کہنے سے پہلے "کلوا واشربوا" کی خوش آئند توقعات کو پیشِ نظر رکھتے ہیں اسی طرح ایک تھانے دار یا وکیل کسی واقعہ یا حادثے کی تفتیش شروع کرنے سے پہلے گواہ کے ملنے یا نہ ملنے کے امکان پر غور کرتا ہے اور ان کے لیے گواہ پیدا کر لینا اکثر اتنا ہی آسان ہوتا ہے جتنا بعضوں کے لیے اولاد پیدا کرنا۔ اولاد کی پرورش یا نگہداشت کی مانند گواہ کا نباہ اور رکھ رکھاؤ بھی بڑا کٹھن کام ہے۔ کھانا پینا، لباس، تعلیم و تربیت دونوں کے لیے لازمی ہے حادثے کی اہمیت تمام تر گواہ پر منحصر ہے۔ ایک گواہ قتلِ عمد کو حفاظتِ خود اختیاری میں اسی آسانی سے تبدیل کرا سکتا ہے جس سے کوئی تنقید نگار بے حیائی کو آرٹ میں۔ ضرورت اس کی ہے کہ مدعی ذی حیثیت ہو اور حاکم عدالت خطابات کا متمنی اور نوروز یا ملک معظم کی سال گرہ کا منتظر۔

پہلی عالمی جنگ میں دولِ متحارب کا مقولہ تھا کہ آدمی اور سامانِ جنگ فراہم کر دو ہم دشمن کی دھجیاں بکھیر دیں گے۔ جیسے یہ کوئی بہت بڑا راز تھا جس کا انکشاف کیا گیا تھا۔ ان کے پیش رو ایک بزرگ ارشمیدس نامی گزرے ہیں ان کا کہنا یہ تھا کہ فلکرم مل جائے تو میں زمین کا تختہ الٹ دوں۔ لیکن ان دونوں کے مقوم علیہ اعظم پولیس والوں کا دعویٰ ہے کہ گواہ فراہم

گردو تو ہندوستان میں نہ ہم کوکین فروش رہنے دیں گے نہ نان کوآپریٹر۔ ہر بلندی پر یونین جیک ہوگا اور ہر پستی پر سلام علیک!

کسی بات کے حسن و قبح کا مدار زیادہ تر اسی عہد کے اربابِ اقتدار کی پسند یا ناپسند پر ہوتا ہے۔ بادشاہ کی مانند مقتدر شخص کسی غلطی کا مرتکب نہیں ہو سکتا۔ شاید اس لیے کہ اس پر جرم ثابت کرنے کے لیے گواہ نہیں مل سکتے! ایسا ممکن بھی ہوا تو پھر اس کو جرم کا مرتکب نہیں آرٹ اور کلچر کا مفسر یا محسن قرار دیں گے۔ پولیس کا کسی کو چالان کر دینا ہی ثبوتِ جرم کے لیے کافی ہے ہندوستانی عدالت پولیس اور اس کے گواہوں کو وہی اہمیت دیتی ہے جو ہندوستانی عوام ملاّنوں اور سیانوں کو دیتے ہیں۔ یعنی دونوں معصوم بھی ہیں، برگزیدہ بھی۔

ہر یورپین پیدائشی فاتح ہے اور ہر ہندوستانی سرکاری گواہ یا اقراری ملزم۔ اس طرح کے گواہ اس مصنف کی مانند ہوتے ہیں جو نازیبا خیالات و جذبات کا اظہار کرتا ہے لیکن اس بنا پر قابلِ مواخذہ قرار نہیں دیا جاتا بلکہ لائقِ تحسین سمجھا جاتا ہے کہ اس نے حقیقت کی ترجمانی کی یا ہندوستان اور ہندوستانیوں کی توہین! سرکاری گواہ کے بارے میں تو آپ جانتے ہوں گے کہ اکثر وہ ایسا مجرم ہوتا ہے جس کے بیان پر دوسرے سزا پاتے ہیں اور خود وہ رہائی پاتا ہے!

جس طرح ہندوستان پر حکومت کرنے کے لیے صرف ایک قوم بنائی گئی ہے اسی طرح گواہ بننے کی صلاحیت ایک طبقے میں خاص طور پر پائی جاتی ہے۔ یعنی پٹواری۔ جس کو گاؤں کا غیر متشدد آمر (ڈکٹیٹر) کہنا بجا ہوگا۔ انگریز کیک کھاتا ہے اور غراتا ہے۔ پٹواری گالی کھاتا ہے نذرانے لیتا ہے اور جو چاہتا ہے درجِ رجسٹر کرتا رہتا ہے۔ اس کو گاؤں میں وہی حیثیت حاصل ہوتی ہے جو وکیلوں کو عدالت یا کلرکوں کو دفتر میں ہوتی ہے یعنی یہ سب جو چاہیں کر سکتے ہیں۔ بشرطیکہ یہ جو چاہیں وہ ان کو ملتا رہے!

گواہ کی حیثیت سے پٹواری کی اہمیت نظرانداز نہیں کی جا سکتی۔ اگر یہ مثل صحیح ہے کہ بادشاہ سے کوئی غلطی سرزد نہیں ہو سکتی تو یہ حقیقت بھی اپنی جگہ پر مسلّم ہے کہ پٹواری کی توہین نہیں کی جا سکتی۔ پٹواری اس راز سے خوب واقف ہے اس کے بعد قومی لیڈر ہی اب تک جان

سکا ہے کہ جب تک حلوا مانڈہ ملتا رہے، توہین اور توقیر بے معنی الفاظ ہیں. جس طرح ہندوستانی کے لیے شادی اور فاقہ کشی ناگزیر ہے، پٹواری کے لیے گواہ بننا مقدر ہے. اس لیے وہ اپنے میلے بستے کے بہی کھاتوں میں ایسے اندراجات کرتا رہتا ہے۔ "جو بوقتِ ضرورت کام آویں" صوفیانہ کلام یا سیاسی دستاویزات کی مانند اس کے اندراجات ایسے ہوتے ہیں کہ جو جاہے جس طرح تعبیر کرے مواخذے سے محفوظ بھی رہ سکتا ہے اور مواخذے میں آ بھی سکتا ہے!

لالہ چرنجی لال گاؤں کے پٹواری اور گنگا دین ایک غریب کسان تھا. ایک مقدمے میں گنگا دین کو لالہ جی کی گواہی کی ضرورت پیش آئی. گنگا دین کی ساری پونجی ایک گرا پڑا جھونپڑا تھا جس کی پردہ پوشی کاشی پھل اور کدو کی ہری ہری بیل، ان کے زرد اور سفید پھول اور صبح شام کی سنہری کرنیں تھیں. ایک طرف اُپلوں کا منڈپ تھا، دوسری سمت کھاد اور کوڑے کرکٹ کا گڈھا چھپر کے پیچھے کھیت تھا اور سامنے ساگ پات کی کچھ کیاریاں. زمیندار کسانوں پر اتنا ہی جری تھا جتنا لالہ چرنجی لال سے خائف. گنگا دین کے پاس کچھ مویشیان بھی تھے جس میں گائے بیل بھیڑ بکری کے ساتھ اس کی بیوی بچے بھی شامل تھے.

ہندوستانی کسانوں کو دیکھتے ہوئے یہ بتانا مشکل ہے کہ اس کے بال بچے مویشیان ہیں یا مویشیان اس کے بال بچے. جب سے مقدمہ شروع ہوا تھا ساری معاش وملکیت لالہ جی کے لیے وقف تھی. دودھ، دہی، ترکاری ان کی رسوئی میں جاتی گنگا دین چلم بھرتا تھا اس کی بیوی للائن کی خدمت گار تھی. لڑکے لڑکیاں لالہ جی کے بچوں کو کھلاتے بہلاتے۔ یوں تو ہر پٹواری عدالت کا کیڑا ہوتا ہے جب تک وہ عدالت کی زیارت نہ کرلے اس کی زندگی بے کیف وبے معنی رہتی ہے لیکن جب سے گنگوا کا مقدمہ شروع ہوا تھا لالہ جی نے عدالت کا ذکر وفکر کم کر دیا تھا. گنگوا جب کبھی اس معاملہ کو چھیڑتا تو کہتے بھائی دن برے ہیں. تھانہ عدالت سے دور ہی رہنا اچھا. پتا جی کا حال تو جانتے ہو بچی بات پر جیلخانہ کاٹنا پڑا کوئی دوسرا کام نہ آیا. گنگا دین لالہ کے پاؤں پکڑ لیتا گڑگڑانا شروع کرتا اور جلد جلد ان کے پاؤں دبانے لگتا تو لالہ جی پاؤں ڈھیلے رکھتے لیکن زبان سے ہائیں ہائیں کہتے جس طور پر ڈاکٹر یا وکیل فیس کے لیے جیب ڈھیلی کرتا جاتا ہے لیکن زبان سے کہتا رہتا ہے ارے آپ یہ کیا کر رہے ہیں یا اس کی کیا ضرورت

تھی۔ لالہ کی نگاہیں گنگوا کی زمین چھپر اور مویشیوں پر تھیں اور گنگوا کی نظروں میں بیوی بچوں کی تباہی کا نقشہ پھر رہا تھا۔ بالآخر لالہ کی فتح ہوئی اور گنگوا دستاویزی غلام بنا مقدمہ کی تاریخ آئی اور دونوں کچہری کو روانہ ہوئے۔

کچہری کا راستہ شہر سے گزرتا تھا۔ چلتے چلتے یکایک لالہ کے قدم سست پڑنے لگے۔ سامنے جوتے والے کی دکان تھی۔ لالہ جی کھڑے ہو گئے۔ فرمایا جوتا لوٹ گیا ہے۔ چلنا پھرنا دوبھر ہے۔ مہنگے سے روز روز شہر آنا نہیں ہو سکتا۔ گنگوا سمجھ گیا۔ اس نے دام ادا کیے لالہ جی نے جوتے قبضے میں کیے۔ دونوں آگے بڑھے۔ کچھ دور چلے تھے کہ بزاز کی دکان آگئی۔ لالہ جی اس طرح رک گئے جیسے جوتے میں کنکری آگئی ہو جسے اطمینان سے نکالنا چاہتے ہوں۔ بولے بھائی گنگوا اس پھٹی پرانی پگڑی میں عدالت کے سامنے گئے تو حاکم جلاد سے کھڑے کھڑے عدالت سے باہر نکلوا دے گا۔ تمھارا کام کھٹائی میں پڑ جائے گا۔ گنگوا گھبرایا کہنے لگا لالہ دیر ہو رہی ہے عدالت میں پکار ہونے لگی ہوگی۔ ہرج کیا ہے واپسی میں لے لینا۔

لالہ نے تیوری بدل کر کہا اچھی کہی۔ تمھاری کوڑیوں کی خاطر اپنی لاکھ روپے کی آبرو پر پانی پھر جانے دوں۔ جاؤ نہیں جاتے۔ ڈاکٹر گوکل پرشاد سے سارٹیفکیٹ لکھوا کر داخل کردیں گے کہ مسمی لالہ چیرونجی لال کو ہیضہ ہو گیا اس لیے حاضرِ عدالت نہ ہو سکا! گنگوا ہیضے کے امکان پر ابھی اچھی طرح خوش نہیں ہو پایا تھا کہ لالہ جی بزاز کی دکان کے سامنے تختے پر اس طرح لیٹ گئے جیسے ہیضے میں مبتلا ہو جانے کا اعلان یا انتظار کر رہے ہوں۔ بالآخر پگڑی کا کپڑا خرید لیا گیا!

کچھ اور آگے بڑھے تھے کہ حلوائی کی دکان سامنے آئی۔ لالہ کچھ اس طرح رکے جیسے کوئی ضروری بات دفعتاً یاد آگئی ہو۔ فرمایا گنگادین دیکھو کیسی چوک ہوئی جا رہی تھی درگا جی کی پرشاد لینا بھول گئے! کسان توہم پرست ہوتا ہے جیسے ہم آپ مطلب پرست! ایک طرف اس کی آنکھوں میں پورے کنبہ کی تباہی کا نقشہ پھر گیا دوسری طرف مقدمے کے انجام کا منظر سامنے آیا۔ کچھ نہیں بولا۔ لالہ جی کو سیر بھر جلیبی دلوادی۔ یہ مرحلہ بھی طے ہوا۔ دونوں کچھ دیر تک خاموش چلتے رہے۔ گنگوا اس فکر میں مبتلا کہ لالہ کی سخت گیری کا یہی حال رہا تو دوپہر کے

چبینے کے لیے بھی پیسے نہ بچیں گے۔لالہ اس پھیر میں کہ گنگوا کو اور کس طرح نچوڑا جائے۔

معلوم نہیں گنگوا امید یا ناامیدی کی کس منزل میں تھا۔لالہ کے ذہنِ رسا نے جلد ہی کمان دکمیں دونوں متعین کر لیے۔ بولے اس پُرہ وَیا مے ناک میں دم کرر کھا ہے مہینے بھر سے گٹھیا کا زور ہے تمہارا بیچ نہ ہوتا تو پڑے پڑے جاتے اس حال میں کبھی گھر دوار نہ چھوڑتا۔ یہ کہتے کہتے ایک سایہ دار درخت کے نیچے انگوچھا بچھا کر لیٹ رہے اور اس جلم کا انتظار کرنے لگے جو ایک خوانچہ والا بیچے جا رہا تھا۔ خوانچہ والے نے معزز مہمان کی توجہ کو اپنے لڈو اور مرمروں کی طرف مائل کرانا چاہا۔ بولا لالہ کچھ جل کھاوا ہو جائے۔ ایسے ئے کدھر آنکلے ذرا دم لے لو۔

گنگوا کا یہ حال کہ بس چلتا تو لالہ جی خوانچہ والا اور خوانچہ سب کو پاس کے کنوئیں میں ڈھکیل کر خود بھی کود پڑتا لیکن بے بسی وہ بلا ہے جو ہر طرح کے غم، غصے اور غرور کو ٹھنڈا کر دیتی ہے۔ گنگوا نے کہا لالہ جی ہم پر دیا کرو سورج دیوتا کہاں آئے۔ عدالت کب تک پہنچیں گے لالہ نے کراہ کر بے رخی سے جواب دیا۔ بھیا اپنے آپ کی سیوا نہ کریں تو کون بھڑوا بال بچوں کو دیکھے گا۔ تم عدالت جاؤ ہمار تو پران نکلا جات ہے۔ ارے باپ رے۔

خوانچہ والا بولا، لالہ دھیرج دھرو۔ یہ لو جلم پیو۔ کچھ کھا پی لو۔ عدالت میں بیان حلفی داخل کر دینا۔ اس دوران میں ایک خالی یکہ گزرا۔ خوانچہ والا بولا ارے بھائی لالہ جی کا جی اچھا نہیں ہے یکے میں کیوں نہیں بٹھالیتا۔ یکہ والا رک گیا۔ لالہ جی نے کروٹ بدلی۔ خوانچہ والے نے لالہ کو لڈو اور مرمرے کھانے اور ٹھنڈا پانی پینے کی دعوت دی یہ کہتے ہوئے کہ عدالت کا معاملہ ہے معلوم نہیں کب کھانے پینے کی نوبت آئے۔ گنگوا نے چند آنے خوانچہ والے کو نذر کیے لالہ جی یکے والے کی دعوت پہلے سے قبول کر چکے تھے ایک کراہتا دوسرا کوستا دونوں یکے میں بیٹھ کر روانہ ہو گئے۔

عدالت میں پکار ہوئی۔ لالہ نے پگڑی اور بستہ سنبھالا۔ چپراسی لالہ جی کا آشنا نکلا۔ گردن میں ہاتھ دے کر ایک دشنام زیرِ لبی کے ساتھ جھونکا دیا تو لالہ جی گواہوں کے کٹہرے میں داخل تھے۔ شام تک سوال وجواب ہوتے رہے۔ لالہ جی نے موافقت میں گواہی دی نہ مخالفت میں۔ اس دوران میں عدالت، وکلا، فریقین، چپراسی، حاضرین سب نے باری باری

لالہ جی کو اپنی اپنی پسند کی گالیاں دیں. طرح طرح سے ڈراتے دھمکاتے رہے لیکن لالہ کے سامنے کسی کی پیش نہ گئی.

کچہری برخاست ہوئی. لالہ باہر نکلے. یکّہ والوں کا ہجوم تھا کسی پر ایک سواری تھی وہ دوادرکی فکر میں تھا. کسی پر دو بھتیں وہ ایک کا متلاشی تھا. اس دھر پکڑ میں لالہ وارد ہوئے. سر پر نئی پگڑی. پاؤں میں نیا جوتا. ہاتھ میں دن بھر کا سمٹا ہوا مالِ غنیمت. بغل میں غیر فانی لیکن ناشدنی بستہ، چاروں طرف سے ایک پست لنگوٹی بند یکّہ والوں نے گھیر لیا. ایک نے بستہ چھین کر اپنے یکّہ پر رکھ لیا. دوسرے نے گٹھری اپنے قبضے میں کی. تیسرے نے خود لالہ کو پکڑ کر کھینچنا شروع کیا اور کچھ دور تک گھسیٹا ہوا لے بھی گیا. اس رستاخیز میں پگڑی نے سر سے اور جوتے نے پاؤں سے مفارقت کی جن کو دوسرے یکّہ بانوں نے تبرکاً اپنے اپنے یکّوں پر رکھ لیا. یہ سب آنکھ جھپکاتے ہو گیا.

اب جو دیکھتے ہیں تو میدان صاف تھا. سارے یکّے والے چل دیے تھے اور لالہ جی بیک بینی و دو گوش اس مسئلہ پر غور کر رہے تھے کہ دنیا کا آئندہ آشوب کون ہوگا۔ یکّہ بان یا پٹواری.

ماتا بدل

بستی کی بوڑھیاں اس پر متفق ہیں کہ ماتا بدل کا صحیفۂ حیات بالکل کورا ہے. وکلا، مقدسہ باز حتیٰ کہ افیونیوں کا بھی جن کی عمر کا تعین مشکل ہے ان کے بارے میں یہی خیال ہے. وجہ یہ ہے کہ موجودہ نسل میں ایسا کوئی نہیں ملتا جو ماتا بدل کی زندگی کے ابتدائی ۳۰۔۴۰ سال میں ان کا ساتھی رہا ہو. یہ مزدوری کرتے ہیں اور حقہ پیتے ہیں. حیات کا ثبوت ان کی محنت مزدوری اور رسنِ حیات کا حقہ نوشی ہے. یہ اکثر و بیشتر انہیں دو مشاغل میں مصروف پائے جاتے ہیں جب یہ متحرک ہوتے ہیں ان کے سر پر ٹوکری ہوتی ہے. حالتِ سکون میں حقہ سے ہم آویزہ ہوتے ہیں. مزدوری میں ان کا محبوب مشغلہ سفالہ پوش مکانوں کی مرمت ہے لیکن کام کی نوعیت کچھ ہی ہو، کوئی موقع و محل ہو، ان کی یکسوئی میں فرق نہیں آتا. شکل و صورت دیکھ کر ذہن لارڈ ولزلی کی اس تصویر کی جانب منتقل ہوتا ہے جو ابتدائی درجوں کی بعض تاریخِ ہندوستان میں نظر آتی ہے وہی آنکھیں وہی پلکیں وہی چہرے کی جھریاں وہی تیور وہی سب کچھ.

قصبے میں کوئی مکان ایسا نہیں جس کے بنانے بگاڑنے یا مرمت کرنے میں ماتا بدل کی

خدمات سے کسی نہ کسی وقت فائدہ نہ اٹھایا گیا ہو اور شاید ہی کوئی خاندان ایسا ہو جس کے زندہ یا مردہ افراد سے ماتا بدل واقف نہ ہوں ہر مکان کے تفصیلی جغرافیے سے یہ آشنا ہیں ماتا بدل کو یہ بھی معلوم ہے کہ ان کی خدمات کے لیے کن چیزوں کی ضرورت ہوگی مثلاً ٹوکری، بیلچہ، رسّی، سیڑھی، گھڑا، پھاوڑا اور وہ مکان کے کس حصے میں رکھے ملیں گی یا موجود نہیں تو کہاں سے عارتیاً حاصل کی جا سکتی ہیں یوں تو ماتا بدل کی زندگی ایک کلاک سے بھی زیادہ یکساں اور یکسو ہے لیکن ان کے نزدیک زندگی کا ایک مقصد ”احتیاط“ بھی ہے۔ یہی ایک چیز ہے جس کی طرف سے ان کو کبھی اطمینان نہیں حاصل ہوا۔ بولتے بہت کم ہیں الّا ایسی حالت میں جب ان کے نزدیک خاموشی منافیِ احتیاط ہو۔ دوسرے مزدوروں کے ساتھ کام کرنا پڑتا ہے تو ان کا فرض اکثر اپنے ساتھیوں کو حقہ یا پانی پلانا ہوتا ہے ایسے اوقات میں کسی کو کچھ کہنے سننے کی ضرورت نہیں ہوتی۔ وقتِ معینہ سے پہلے یہ کبھی ان چیزوں کی طرف مائل نہیں ہوتے اور نہ کسی کی فرمائش پر مخاطب ہوتے ہیں۔ مٹی کھپلنے کے یہ ماہرِ خصوصی ہیں۔ جب تک اس مشغلہ سے فرصت نہیں پا لیتے کسی اور طرف توجہ نہیں کرتے۔ یہ نہیں ہو سکتا کہ کسی دوسرے ساتھی یا ساتھیوں کے اصرار پر بھی اپنے مشغلے سے باز آ جائیں اور تعمیر کے لیے مٹی حوالہ کر دیں۔ بعض امراض کے مانند ان کے یہاں بھی ہر مشغلہ کا ایک کورس (دور) ہے جس کو پورا کیے بغیر چارہ نہیں! اگر کسی ناواقف نے ایسا کیا تو اس کا جواب ماتا بدل کے یہاں صرف اپنی آنکھوں کو پوری طور پر کھول دینا اور مٹی کو اور زیادہ انہماک یا طیش کے ساتھ پامال کرنا ہوتا ہے۔ ماتا بدل کا بوجھ لے کر سیڑھی پر چڑھنا بھی خاص طور پر قابلِ لحاظ ہوتا ہے۔ ہر درجہ پر یہی معلوم ہو گا گویا ان کو کسی غنیم کے مقابلہ میں ایک نہایت مستحکم محاذ قائم کرنا منظور ہے اور کسی شاندار پیش قدمی یا اس سے زیادہ شاندار پسپائی کا ارادہ نہیں ہے۔ دوپہر میں جب کام روک دینے کا وقت آتا ہے، کسی ساتھی کی یہ ہمت نہیں ہوتی کہ وہ خود کام بند کر دے۔ سب کی نظریں ماتا بدل کی سمت اٹھتی ہیں جو کمر پر ہاتھ باندھے سر جھکائے مٹی کھپلتے ہوتے ہیں اور مزدور سمجھ لیتے ہیں کہ ابھی ماتا بدل اس کوشش میں کامیاب نہیں ہوئے کہ اگر سورج مہاراج کو خدانخواستہ گر پڑنا نصیب ہو تو یہ احتیاط کے ساتھ اپنی ایک پیچ والی پگڑی کے عین وسط

پر روک لیں گے اور سورج ان کی مٹی کو کسی قسم کا گزند نہ پہنچا سکے گا. چونکہ زمین گھومتی رہتی ہے اس لیے یہ اپنے محدود حلقہ میں اس کی کوشش کرتے رہتے ہیں کہ کسی طور پر ان کا سر آفتاب کے ساتھ خط عمودی قائم کر سکے۔ اس کوشش میں کامیاب ہوجانے کی یہ علامت ہے کہ ماتا بدل سر سے پگڑی کھول دیتے ہیں اور دیوار کے سائے میں جہاں اُپلے کا ایک ٹکڑا اسلگتا ہوتا ہے پگڑی کو بچھا کر بیٹھ جاتے ہیں. یہ گویا کمر کھول دینے کا اذنِ عام ہوتا ہے۔ سارے مزدوران کے گرد جمع ہو جاتے ہیں سب سے کم عمر مزدور کا فرض ہوتا ہے کہ وہ حقہ چڑھا کر پیش کرے. ماتا بدل دو ہی چار کش لے کر سکوت اور دلجمعی کا مجسمہ بن جاتے ہیں جس کا ایک نامکمل سا نمونہ اکثر اس اشتہار میں دیکھا گیا ہے جس میں ایک نہایت فربہ اندام بزرگ سگار کا ایک کونہ لبوں سے دبائے نیم باز آنکھوں اور کسی قدر تبسم زیر لب سے لوگوں کی توجہ اور سگار کے دھوئیں کو جذب کرتے ہوئے دیکھے گئے ہیں اور نیچے لکھا ہوتا ہے "آسودگیِ کامل"

کام ختم کرنے کے بعد شام کو مزدور رخصت ہوتے ہیں یہ ماتا بدل کی انتہائی مشغولیت کا وقت ہوتا ہے مزدوروں سے دن کے کام کا جائزہ لیتے ہیں جن چیزوں سے کام لیا گیا ہو مثلاً کدال پھاوڑا، ٹوکری، گھڑا ان سب کو اس طور اس کی جگہ سے اٹھاتے ہیں کہ کسی متلاشی آثارِ قدیمہ کو بھی ان کے احتیاط و اہتمام پر رشک آ سکتا ہے. مالک مکان نے ان کو مکان جانے کی اجازت دے دی ہے لیکن ہر چیز کو اکٹھا کر لینے اور دروازے کو مقفل کر دینے کے بعد بھی یہ مطمئن نہیں ہوتے. جاتے وقت کوئی موجود نہ بھی ہو تو یہ خود بخود کہتے جائیں گے کہ تمام چیزیں ٹھکانے سے رکھ دی گئی ہیں. ٹوکری کونے میں ہے کدال اس کے نیچے اور رسی کھونٹی پر ہے، وغیرہ. ابھی چند قدم بھی آگے نہ بڑھے ہوں گے کہ لوٹ آئیں گے.

"کیوں ماتا بدل کیسے پلٹ آئے"

ماتا بدل۔ "معلوم ناہین گھڑوا کہن اہے" (معلوم نہیں گھڑا کہاں ہے) اندر جا کر سب دیکھ بھال آئے اور خیریت پا کر آگے بڑھے تھوڑی دور جا کر دوبارہ پلٹے.

"کیوں اب کیا رہا"

ماتا بدل۔ سرکار دو پہر وا کے جون روپیہ دا ہے دہن اور ہاں کے پیسوا سبھ لیے رہن کہ ناہیں" (دوپہر کو جو روپیہ سرکار نے دیا تھا اس کے پیسوں کو سنبھال لیا تھا کہ نہیں)

" ہاں ہاں گن لیا تھا اب تم بے فکر ہو کر مکان جاؤ۔"

ماتا بدل کچھ دور جا کر پھر پلٹے اور سیدھے مکان کی طرف بڑھے

"کیوں۔؟"

ماتا بدل" کچھو ناہیں، تنی دیکھے کے رہا کہ تلوا لاگل ہے کہ ناہیں" (کچھ نہیں ذرا دیکھا تھا کہ تالا لگا ہوا ہے کہ نہیں)

ایک بار ماتا بدل کو ایک ایسے مکان میں کام کرنا پڑا جس کی ہمسایہ برق تھی صرصر تھی یا زلزلہ کا مصداق تھی جس گلی سے گزرہوتا لوگ سہم جاتے۔ اس کی گالی گلوج اور بدمزاجی سے ساری بستی پناہ مانگتی تھی جس دکان پر سودا خریدنے پہنچ جاتی تمام بھیڑ چھنٹ جاتی اور دکاندار سارا کام چھوڑ کر چھتیا کی طرف متوجہ ہو جاتا بستی کے شریر اور جھگڑالو لڑکے اور کتے اس کو دیکھ کر راستے سے کترا جاتے تھے بارش کیچڑ سردی کہر دھوپ تو تک اس کے غیظ و غضب اور سب و شتم سے محفوظ نہ تھی۔ روایت تو یہاں تک ہے کہ چھتیا کی شادی ایک ایسے مردِ معقول سے ہوئی تھی جو آج کل ہوتے تو ان پر یورپ کے مکمل ہندوستانی تعلیم یافتہ نوجوان کا دھوکہ ہوتا۔ بیوی اور شوہر کے روابط اور ازدواجی زندگی کے اظہار و اعلان کا وسیلہ اکثر و بیشتر چھتیا کی جوتی ہوتی جسے وہ وقت بے وقت سلسلہ تفریح یا ورزش بے تکلف بر سر کار لاتی اور شوہر نامدار مصلحتِ وقت یا مشیتِ الٰہی سمجھ کر انگیز کیا کرتے تھے۔ مکان کے اندر انار کا درخت تھا جسے کسی جن نے اپنا نشیمن بنا لیا تھا شوہر اس حقیقت سے باخبر تھے اور امید لگائے بیٹھے تھے کہ کبھی وہ جن چھتیا کی خبر لے گا لیکن جن کتنا ہی جن کیوں نہ ہو میاں بیوی کے جھگڑوں میں پڑنے سے گریز کرتا ہے بالخصوص جہاں بیوی چھتیا ہو۔

ایک دن بیوی سے سفر کی اجازت طلب کی اور کہا کہ پردیس جا کر کچھ کھانے کمانے کی فکر کرنا چاہیے۔ ممکن ہے فراغت کے جتنے دن اب تک بسر ہوئے وہ آئندہ میسر نہ آئیں چھتیا نے سوال کیا کہ پھر وہ جوتیاں کس پر آزمایا کرے گی۔ شوہر نے جواب دیا میں جلد ہی واپس

آؤں گا۔ میری عدم موجودگی میں اس انار کے درخت پر اپنے شوق پورے کرنا۔ غرض تھوڑی ردّو قدح کے بعد جس میں کچھ الوداعی جوتی پیزار کو بھی دخل تھا، شوہر صاحب پردیس کو سدھارے۔ کچھ دنوں بعد کسی شہر میں ایک مہاجن کے یہاں نوکر ہو گئے اور اطمینان سے زندگی بسر کرنے لگے۔ اتفاق سے مہاجن کی لڑکی پر آسیب کا دخل ہوا۔ ہر طرح کی دوا دارو، جھاڑ پھونک سے مایوس ہوکر مہاجن نے اعلان کیا کہ جو شخص لڑکی کو اس آفت سے نجات دلائے گا صلے میں اسی سے لڑکی کی شادی کردی جائے گی۔ یہ بے چارے بھی حقِ نمک خواری ادا کرنے کے لیے آمادہ ہوئے لیکن آدمی تھے تجربہ کار اور دوراندیش صلے کی شرط مسترد کرالی۔ لڑکی کے پاس پہنچے تو وطن کے دوست کو پہچان لیا۔

جنّات سے بہت کچھ منت سماجت کی کہ لڑکی کی جان چھوڑ دیں لیکن کچھ شنوائی نہ ہوئی۔ بالآخر پھوٹ پھوٹ کر رونے لگے اور جنّات کے شدید اصرار کے باوجود گریہ وزاری کا سبب نہ بتایا۔ بالآخر جنّات نے کہا۔

"اگر تم کو رونا ہی ہے تو کہیں دوسری جگہ جاکر روؤ۔ یہاں آخر اس کا کیا موقع ہے؟"

شوہر۔ "کیا کروں مجھے تو آپ کی خوش نصیبی پر رشک آتا ہے۔ ایک میں ہوں کہ جس مصیبت کے باعث آوارہ وطن ہوا ہر قسم کی صعوبتیں اٹھائیں وہ اب معلوم ہوا کہ میرے خمیر میں ہے۔"

جنّات۔ "آخر وہ کیا مصیبت پیش آئی کہ زندگی سے بیزار نظر آتے ہو۔"

شوہر۔ "آپ سے کیا پردہ مجھے بھی اپنا سا بنا لیجیے۔ دنیا میں جنّات بن کر رہنا بھی کیسی خوش بختی ہے۔"

جنّات۔ "سنوں بھی تو معاملہ کیا ہے۔"

شوہر۔ (ہکلاتے ہوئے) "...... وہی"

جنّات۔ "کون وہی؟"

شوہر۔ "چہ...... چہ......"

جنّات۔ (چونکنا ہوکر)...... کیا؟

شوہر۔ "چ...... چھت...... چھتیا!"

جنات۔ "کون؟

شوہر۔ "ہاں وہی۔

جنات۔ (بدحواس ہو کر) پھر کیا ہوا؟

شوہر۔ "میری تمھاری خبر سن کر آنے والی ہے!

جنات غائب ہو گیا۔ لڑکی اچھی ہو گئی۔ شوہر صاحب انعام واکرام لے کر مکان واپس آئے تو معلوم ہوا کہ چھتیا نے انار پر اپنی روزانہ مشق جاری رکھی تھی۔ چنانچہ جنات کو چھتیا کے شوہر کے نقشِ قدم کو اپنا خضرِ راہ بنانا پڑا۔

ماتا بدل کوٹھے کی کھپریل درست کر رہے تھے معلوم نہیں زمانہ یا زندگی کے کس نشیب و فراز پر غور کر رہے تھے اور حقہ نوشی کے کن مدارج سے گزر رہے تھے کہ یکایک چھت سے پھسلے اور کوٹھے کی دوسری سمت چھتیا کے صحن میں حقہ سمیت جا گرے۔ دھماکے کی آواز سن کر چھتیا للکارتی ہوئی نکلی۔ ادھر ماتا بدل کا قریب قریب وصال ہی ہو چکا تھا۔ چھتیا اس پر جھگڑ رہی تھی کہ یہ اس کے صحن میں کیسے صادر ہوئے اور ماتا بدل بے ہوش نہیں بلکہ دم سادھے ہوئے تھے ماتا بدل کو محلے والوں نے پہچانا اور لاد پھاند کر ان کے گھر پہنچایا۔

مدتوں بعد چلنے پھرنے کے قابل ہوئے نقل و حرکت میں اب اور زیادہ احتیاط برتنے لگے تھے۔ قدم پھونک پھونک کر دھرتے اور کھپریل وغیرہ کی مرمت اب بالکل بند کر دی تھی۔ صرف وہی کام کرتے جس سے پاؤں کا تعلق زمین سے منقطع نہ ہونے پائے۔ جس چیز کو اٹھاتے اس کی پورے طور پر دیکھ بھال کر لیتے اور جہاں رکھتے اس مقام کی بھی جانچ پڑتال کر لیتے۔ حقہ نوشی بھی بڑھ گئی تھی۔

برساتی مرمت کے سلسلے میں جامع المتفرقین نے چھتیا اور ماتا بدل کو پھر یکجا کر دیا۔ کچھ کھپرول کی ضرورت تھی جس کو لانے کے لیے یہ تعینات کیے گئے۔ کمہار کی دکان سے کھپرے ٹوکری میں اور ٹوکری سر پر رکھ کر مکان واپس آئے۔ مسافت طویل تھی اس لیے صحن میں داخل ہوتے ہی ٹوکری زمین پر رکھ دی اور ایک طرف بیٹھ کر حقہ پینے لگے۔ ممکن ہے حقہ کی موسیقی

اس کی ذمہ دار رہی ہو. تھوڑی ہی دیر میں ایک کالے سانپ نے جس کا تمام جسم کھپروں میں چھپا ہوا تھا ایک بالشت اوپر سر نکالا اور ماتا بدل کی بین نوازی کی داد میں وجد کرنے لگا. ماتا بدل کی نیم باز آنکھوں کے سامنے سارا مکان ٹوکری اور چھتیا خود پہلے سے رقص اور وجد میں تھیں. ان کو یہ معلوم نہیں ہوا کہ ٹوکری میں عورتوں یا ان کے بچوں کے "ماموں" ناچ رہے تھے یا خود ان کے ناریل کا دھواں پیچ کھا رہا تھا. چھتیا نے بے تکان چیخ مارنا شروع کیا. ایک ہنگامہ برپا ہو گیا. محلے والے دوڑ پڑے. لیکن ماتا بدل کے سکون میں کوئی فرق نہ آیا. چھتیا نے لپک کے ان کے حقے کو ایسا دو ہتڑ رسید کیا کہ چلم اور ناریل دونوں ٹوکری کے پاس جا گرے. "بھانجی" کی یہ حرکت "ماموں" کو پسند نہ آئی. انھوں نے اس کی طرف رخ کیا تو مجمع میں بھگدڑ مچ گئی. چھتیا نے چیخ مار کر جست کی تو ماتا بدل کے اوپر گری اب ان کو صورتِ حال کا احساس ہوا. سانپ اب بالکل ان کے پاؤں کے پاس آ چکا تھا. کچھ خفت اور غصہ اور بہت کچھ چھتیا کا غیر متوقع بوجھ، ان سب سے متاثر یا بیزار ہو کر اپنی سخت، کھردری اور دندانے دار انیڈی کا ایک ایسا بھرپور دھپکا دیا کہ "ماموں" کا سر پسندے کی بوٹی بن گیا اور جھٹکے میں "بھانجی" "مرحوم" ماموں کے اوپر آرہی. یہ مزید خلفشار کا باعث ہوا کسی کو کیا معلوم کہ شیش ناگ کی مکتی ہو چکی تھی لوگ یہی سمجھے کہ چھتیا کی جان خطرے میں ہے. کسی نے پاؤں پکڑا کسی نے ہاتھ بعضوں نے سر ہر ایک نے بیک وقت اپنی اپنی طرف کھینچنا شروع کیا. نتیجہ یہ ہوا کہ چھتیا معلق ہو گئی جسے علیحدہ ڈال دیا گیا. کچھ دیر بعد سکون ہوا تو مجمعِ عام کے سامنے مقدمہ پیش ہوا.

چھتیا ۔ "یہ حرام خور اس سے پہلے بھی ایک بار اس گھر میں کود چکا ہے. آج اپنے باپ کو اٹھا لایا. ماموں نے اس کی بھو والی آنکھوں کو نہیں ڈس لیا."

ماتا بدل ۔ ارے او گھر ماں کو دب رہا کہ دیو کا کوپ، ای سسر کا ناتی البتہ کھپروا میں کہاں گھس رہا ارے وہ گھر میں کود نا تھا کہ خدا کا قہر تھا. یہ سسر کا ناتی البتہ معلوم نہیں کہاں کھپروں میں گھسا ہوا تھا. مجمع میں ایک سال خوردہ کانسٹیبل بھی تھے ماتا بدل سے کچھ "دستِ غیب" کے طالب ہوئے مایوسی ہوئی تو سب کو تھانے پکڑ لائے.

ریاست کی فضا، ڈھیں کے قوانین، ویسے ہی حاکم اور اسی قسم کے ماتحت۔ داروغہ جی لالہ گنپت رائے، نائب صاحب لالہ جگل کشور اور دیوانجی لالہ چھیل بہاری غرض سارا تھانہ لالہ زار تھا لالہ گنپت رائے بہرے تھے اور بات چیت کرتے وقت ہمیشہ آلۂ سماعت کانوں سے لگا لیتے تھے۔ دوپہر کا وقت تھا داروغہ جی میلی دھوتی کا نصف حصہ باندھے اور نصف اوڑھے نیم کے سایہ میں بانس کی ایک کھری چارپائی پر سو رہے تھے۔ چارپائی کے ایک پائے سے آلۂ سماعت اور دوسرے سے ناریل (حقہ) آویزاں تھا۔ لالہ جگل کشور کنوئیں پر کھڑے اشنان کر رہے تھے، ایک کہارن کنوئیں سے پانی نکال کر ان کے اوپر ڈالتی جاتی تھی۔ منشی چھیل بہاری دفتر میں روزنامچہ سر کے نیچے رکھے خراٹے لے رہے تھے۔ موٹے شیشے کی عینک ناک سے پھسل کر نیم کشادہ دہن میں آگئی تھی اور ہر سانس کے ساتھ حلق تک پہنچنے کی کوشش کر رہی تھی۔ شور وغل سن کر چونکے۔ تھانے کے احاطے میں مجمع دیکھ کر اٹھ بیٹھے۔ عینک درست کی اور کاغذات الٹنے پلٹنے لگے۔ لالہ گنپت رائے بھی اٹھائے گئے۔ تھوڑی دیر میں سب اکٹھا ہوگئے اور مدعیہ ملزم اور گواہوں کے بیانات شروع ہوئے۔ قصہ سننے کے بعد یہ مسئلہ سامنے آیا کہ ملزم پر کون سی دفعہ لگائی جائے۔ ہر ایک نے شروع سے آخر تک تعزیراتِ ہند اور ضابطہ فوجداری کی ورق گردانی کی۔ بالآخر سب نے تنگ آکر کتاب پٹک دی اور کہنے لگے کہ یہ معاملہ زبانی ہی طے ہو جائے تو اچھا ہے۔ کتاب کو چھیڑنا اچھا نہیں ہے۔ ورنہ وکیل مختاروں کی مین میخ سے جان چھڑانی مشکل ہو جائے گی۔

دیوانجی کی رائے تھی کہ دفعہ ۳۲۳ (مارپیٹ) عائد ہوتی تھی۔ لالہ جگل کشور کو اصرار تھا کہ یہ نقص امن اور مجمع خلافِ قانون کے تحت آتا تھا۔ بہرحال کچھ طے نہیں ہو پاتا تھا کہ لالہ گنپت رائے نے یک لخت آلۂ سماعت کو ایک بار پھر چارپائی کے پایہ سے آویزاں کیا اور فرمایا۔

۔ یہ سب کچھ نہیں کپتان صاحب کا کیمپ قریب ہے تک بندی کا یہ موقع نہیں ہے میں اس معاملہ کی تہ تک پہنچ چکا ہوں ذرا سا شبہ باقی رہ گیا ہے وہ بھی آپ کی دعا سے دور ہوا جاتا ہے، سوال یہ ہے کہ یہ واقعہ ۳۰۲ (قتلِ عمد) کا ہے یا ۳۰۴ (قتلِ انسان) کا۔ اگر کپتان صاحب نئے نئے نہ آئے ہوتے تو قتلِ انسان چل سکتا تھا لیکن بھائی زمانہ نازک ہے

پنشن کے دن بھی قریب ہیں ایک کمانے اور بیس کھانے والے ہیں قتلِ عمد ہی چلانا مناسب ہے انسپکٹر نے ایسا صاف قتل کا مقدمہ بھیج دیا ہے کہ مدعی اور مدعا علیہ دونوں موجود ہیں قیصر لعد کو بھی مدعی بننے کی ضرورت نہیں رہی۔ چلتے چلاتے ایسی کارروائی ہو جاتی ہے کہ سارا علاقہ تھرا جائے گا۔ مقدمہ کی صورت یہ ہے کہ اس سے قبل ملزم، مدعیہ کے گھر میں قتل کی نیت سے کودا تھا لیکن کامیاب نہ ہوا دوسری بار کھپرے لانے کے بہانے عمداً رویا انجی غور کیجیے گا عمداً ایک سانپ پکڑ لایا اور مدعیہ کو کٹانا چاہتا تھا۔ ملزم صورت سے بھی اچھا خاصا بیرا معلوم ہوتا ہے۔ کیوں بھئی منشی چھیل بہاری کیسی رہی۔ بھئی تم کو کتاب قسم اس واقعے کی بھنک کپتان صاحب کے کان میں بھی ڈال دینا چاہیے۔ افسرِ اعلیٰ ہے پھر انگریز ہے۔ انگریز کیا معلوم خوش ہو کر ہم کو آپ کو کہاں سے کہاں پہنچا دے! انسپکٹر صاحب بھی رخصت پر جانے والے ہیں"؟

ڈورسں صاحب کپتان تھے، اور کپتان ہی نہیں بلکہ اپنے وقت کے کلکٹر کمشنر اور لاٹ صاحب بھی۔ قانون اور قاعدے سے ان کو اتنا ہی مس تھا جتنا نئی روشنی کی بیویوں کو اپنے مہذب اور مصلحت اندیش شوہروں سے۔ اکثر تمام دن دھوپ میں روئی کی نیم آستین پہن کر خندق کھودا کرتے تھے اور شام کو کشتی لڑتے تھے۔ رات کو اجلاس شروع ہوتا تھا۔ اختلافِ رائے کا اظہار اس لمبے کوڑے سے کیا کرتے تھے جو ہر وقت ان کے پاس رہتا۔ صاحب کی خوشنودیِ مزاج یا اپنی سلامتیِ ذات کی خاطر میں ان کے چھوٹے بڑے لواحقین بھی بلا قیدِ موسم روئی دار کپڑے استعمال کرتے تھے۔ ایک بار محرر پیشی کو ملزم کی حیثیت سے کسی عدالت میں حاضر ہونا پڑا۔ اتفاق سے اس دن ڈورسں صاحب کا بھی اجلاس تھا۔ محرر کی طلبی ہوئی تو غیر حاضر پایا گیا۔ جھنجلا کر کوڑے کی طرف متوجہ ہوئے تو بڈھے اردلی نے کہا۔

اردلی ــ ہوا کیا، محرر کو فوجداری والے پکڑ لے گئے۔ کچھ کرتے دھرتے تو نہیں سب کو ناحق بے ناحق پیٹا کرتے ہو!

ڈورسں صاحب ــ (غضبناک ہو کر) کہاں گیا فوجداری والا؟

اردلی ــ وہ کیا سامنے اجلاس ہو رہا ہے۔"

ڈورسں صاحب نے کوڑا سنبھالا، سامنے عدالت میں جا گھسے، دیکھا کہ ان کا محرر ملزموں

کے کٹہرے میں کھڑا ہے اور بیان ہو رہا ہے۔ وکیل مختار تو دیکھتے دیکھتے غائب ہو گئے حاکم نے بھی فوراً آرام کمرے کا رخ کیا۔ پیش کار صاحب کو کہیں جگہ نہ ملی تو میز کے نیچے دبک گئے۔ ڈورس صاحب نے اپنے محرّر کی گردن دبوچی اور ایک کوڑا رسید کیا "بدمعاش یہاں کس کے حکم سے آیا" اور دھکا دیتے اور کوڑے سے ہنکاتے ہوئے اپنے اجلاس میں پکڑ لائے۔ حاکم اجلاس نے کلکٹر صاحب سے جاکر شکایت کی تو موصوف نے فرمایا۔ جانے ہی دو، پاگل سے دور ہی رہنا اچھا ہے۔

ڈورس صاحب کبھی سوال کرتے تھے تو فوراً ہی بعد پوچھتے تھے "سمجھا" مخاطب کی خیریت اسی میں تھی کہ اگر نہ سمجھا ہو تو فوراً کہہ دے کہ نہیں سمجھا۔ اگر کسی نے شامتِ اعمال سے ذہن پر زور دے کر ادھر اُدھر کا جواب دے دیا اور ڈورس صاحب کی تشفی نہ ہوئی تو فوراً کوڑے سے خبر لیتے تھے۔ اتفاق سے جس روز چھیا اور ماتا بدل کا مقدمہ پیش ہونے والا تھا ڈورس صاحب نے پیش کار سے دریافت کیا۔

ڈورس صاحب: "ول پیش کار ایک ہم ایک تم کیا ہوا سمجھا؟"

پیش کار۔ (فوراً) "حضور نہیں سمجھا!"

ڈورس صاحب۔ "دیکھو ایک ہم اور ایک تم کیا ہوا؟"

پیش کار۔ "حضور بالکل نہیں سمجھا (دفعتاً کچھ سوچ کر) اگر حکم ہو تو داروغہ جی کو بلا لاؤں وہ خوب سمجھتے ہیں اور اس وقت اتفاق سے حضور کو سلام کرنے آئے ہوئے ہیں۔

ڈورس صاحب۔ بلاؤ!

پیش کار نے اردلی کی طرف اشارہ کیا، لالہ گنپت رائے ایک لمبا چغا پہنے پگڑی باندھے حاضر ہوئے۔

ڈورس صاحب۔ "ول تھانے دار، ایک ہم ایک تم کیا ہوا؟"

تھانے دار صاحب نے حسبِ دستور آلۂ سماعت نکال کر کان کی طرف بڑھایا ہی تھا کہ ڈورس صاحب کا کوڑا ہوا میں بلند ہوا تھانے دار صاحب نے فوراً راہِ فرار

اختیار کی۔ ڈورس صاحب نے تعاقب کیا۔ جھاڑی کا احاطہ تھا۔ لالہ گنپت رائے نے کوشش کی کہ کسی طرح جھاڑی سے نکل جائیں۔ کانٹوں نے دامن اور پگڑی دونوں کو گرفتار کر لیا۔ داڑھی بھی کانٹوں میں گھر گئے۔ ڈورس صاحب ادھر سے نازل ہوئے۔ دوسری طرف چپتیا، عمالِ تھانہ اور دوسرے تماشائیوں میں خلفشار مچ گیا۔ جس کا جدھر منہ اٹھا بھاگ نکلا۔

شام تک ماتا بدل بھی مکان پہنچ گئے۔

کارواں پیداست

کہتے ہیں ایک بار تین بزرگ ہم سفر ہوئے ایک نائی ایک گنجا اور ایک فلسفی۔ رات آئی تو یہ طے پایا کہ ہر شخص باری باری سوئے جاگے۔ ترتیب یہ قرار پائی کہ سب سے پہلے نائی پہرا دے اس کے بعد فلسفی اس کے بعد گنجا۔ چنانچہ موخر الذکر دونوں سو رہے اور نائی پہرہ دینے لگا۔ کچھ دیر تک تو جاگتا رہا آخر طبیعت اکتائی تو سوچا کہ کوئی مشغلہ ہونا چاہیے ورنہ وقت کٹنا دوبھر ہو جائے گا چنانچہ استرہ نکالا اور بیٹھے بیٹھے فلاسفر کا سر مونڈ دیا۔ وقتِ معینہ ختم ہونے پر اس نے فلسفی کو جگا دیا اور خود سو رہا۔ فلسفی نے جمائی لے کر انعاقاً سر پر ہاتھ پھیرا تو چونک پڑا۔ اور متحیر ہو کر بولا: باری تو میری تھی کمبخت نائی نے گنجے کو کیوں جگا دیا!"

مجید ملک صاحب سے یہ طے ہوا تھا کہ ہو سکا تو کارواں کے لیے مضمون لکھ دوں گا بات آئی گئی ہو گئی۔ مجید صاحب کو یقین کہ میں مضمون لکھ دوں گا اور مجھے اس پر بھروسہ کہ لکھنا تو اپنے اختیار کی بات ہے۔ چنانچہ مجید صاحب نے یاد دہانی کے طرح طرح کے طریقے اختیار کیے۔ لیکن بات جہاں کی تہاں رہی۔

ایک روز دروازے پر ایک موٹر رکی۔ میں نے ہر قسم کی موٹر دیکھی ہے لیکن یہ اپنی

سج دھج اور شور وشغب میں نرالی تھی۔ رکی رہتی تو معلوم ہوتا کوئی سنیاسی حبس دم کیے ہوئے ہے۔ چلنے والی ہوتی تو معلوم ہوتا زلزلہ آرہا ہے، چل نکلتی تو پھر:

نے ہاتھ باگ پر ہے نہ پا ہے رکاب میں!

ڈاکٹر عطاء اللہ بٹ صاحب نمودار ہوئے۔ ایک نعرہ لگایا کہاں ہے رشید؟ نوکر نچے اعزا سب بھاگ کر اندر آگئے، باوجود اس کے کہ میں اپنے مکان کے اس کمرے میں تھا جہاں اندر صحن کی آواز بھی بمشکل پہنچ سکتی تھی، اس خلفشار نے مجھے سراسیمہ کردیا۔ باہر نکلا تو آواز آئی ارے مجید کا خط آیا ہے، تم نے کارواں کے لیے مضمون لکھا یا نہیں۔ پہلے تو میں نے سوچا کہ گھر والوں میں سے کوئی بیمار تو نہیں ہے جب اس طرف سے اطمینان ہوا تو کسی قدر دلیر ہو کر بولا کیسا مضمون، فرمایا اس کا خط آیا ہے کہ مضمون لے کر بھیج دیا جائے۔ میں نے کہا جناب لکھنے یا نہ لکھنے کا وعدہ تو میں نے ان سے کیا تھا آپ مجھ پر کیسے مسلط ہو گئے۔ بولے سلام علیکم۔ گاڑی پر لرزہ طاری ہوا، محلہ والوں کے کان کھڑے ہوئے، انجن نے زقند بھری اور سوار و سواری دونوں غائب! یا مظہر العجائب!

ٹائیفائڈ نے ورود فرمایا۔ گھر میں بچی بیمار ہوئی ارادہ کیا ڈاکٹر صاحب کے ہاں چلوں، ساتھ ہی ساتھ مضمون کا خیال آیا جس کا کوسوں پتہ نہ تھا، جھوٹ بولنے کی تحریک ہوئی۔ ایک مصرعہ بھی ذہن میں آگیا ایسا رواں اور شگفتہ کہ دیکھتے دیکھتے پوری غزل مرتب ہوگئی۔

ڈاکٹر صاحب کی کوٹھی پر پہنچا۔ یہ میرس روڈ پر حال ہی میں تیار ہوئی ہے وسیع خوش قطع سامنے گھاس کا کشادہ میدان، آمدورفت کا راستہ چوڑا صاف ستھرا۔ ڈاکٹر صاحب سے ملاقات ہوئی، انفلوئنزا میں مبتلا تھے دیکھتے ہی بولے خوب آئے کوٹھی کا نام تجویز کردو میں نے کہا آپ نے دو کار پر یہ کیا لکھوا رکھا ہے، فرمایا حمید بٹ اور محمود بٹ، عرض کیا یہ کوٹھی کا نام ہے یا خاندان کا شجرۂ نسب، کہنے لگے ہرج کیا ہے، میں نے کہا ایسا نام بھی کیا جس کو نہ ثواب سے لگاؤ نہ آرٹ سے تعلق۔ ثواب کی خاطر رکھتے تو کراماً کاتبین میں کیا قباحت تھی آرٹ مدنظر تھا تو یاجوج ماجوج رکھتے۔ اکتا کر بولے ناک میں دم ہے، تم ہی بتاؤ، لیکن میں منزل و نزل کا قائل نہیں، میں نے کہا بٹ کدہ نام رکھیے رفتہ رفتہ بت کدہ بن جائے گا۔

عرض کیا بچی ٹائیفائڈ میں مبتلا ہے، کہنے لگے حال سناؤ، میں نے کہنا شروع کیا اور

ڈاکٹر صاحب نے نسخہ گھسنا۔ میں نے ابھی بحر متعین نہیں کی تھی، ڈاکٹر صاحب نے پوری نظم تیار کردی۔ اتنے میں طائیہ بی دوڑی آئیں۔ فرمایا باجی نے پوچھا ہے آپ نے کارواں کے لیے مضمون لکھا میں نے کہا کہ باجی سے کہہ دیجئے کہ اس پھیر میں نہ پڑیں ایڈیٹر اور مضمون نگار کے معاملات اور ہوتے ہیں۔ ڈاکٹر صاحب نے ہم دونوں کو للکارا کمرے سے نکل جاؤ۔ طائیہ بی تو بے چاری گھبرا کر بھاگ کھڑی ہوئیں میں نے کہا جنابِ والا آپ کا یہ حکم بحیثیت مالک مکان کے ہے یا بحیثیت ڈاکٹر کے۔ فرمایا تم کو معلوم ہے انفلوئنزا متعدی ہوتا ہے۔ میں نے کہا انفلوئنزا کا متعدی ہونا مسلّم لیکن آپ کا بد اخلاق یا بد حواس ہونا کہاں تک روا ہے۔ ڈاکٹروں نے مرض کو اور مولویوں نے مذہب کو ہوّا بنا رکھا ہے۔ مرض میں مبتلا ہو کر جاں بحق ہونا اتنا بڑا سانحہ نہیں جتنا مریض سے بھاگنا بزدلی اور شقاوت۔ کہنے لگے لفاظی کسی اور وقت کے لیے اٹھا رکھو یہ تو بتاؤ مضمون بھی لکھا یا نہیں۔ اس کے لیے میں تیار ہو کر آیا تھا بولا عنقریب ختم ہونے والا ہے لیکن بچی کی بیماری کو کیا کروں فرمایا اچھی ہو جائے گی مضمون تیار کرو۔ میں نے کہا لیکن مشکل یہ ہے کہ مضمون لکھنا اتنا آسان نہیں جتنا آپ کا نسخہ لکھ ڈالنا۔ کہنے لگے تو پھر تم نے لکھنے کا وعدہ کیوں کیا ہوا تھا۔ میں نے عرض کیا ڈاکٹر صاحب بعض وعدے بس ایسے ہوتے ہیں جیسے آپ نے کہا سلام علیکم میں نے کہا وعلیکم السلام۔ ایک اضطراری فعل کا جواب دوسرے اضطراری فعل سے دے دیا گیا۔ اس کے ایفا پر آپ کا اصرار کرنا "حقِ آسائش میں خلل اندازی" ہے فرمایا اچھا رخصت۔ سلام علیکم۔

تعطیلوں میں بارش اور چوروں کی یورش ہوئی اس پر لطف یہ کہ مکان کے ایک حصہ کی توسیع ہو رہی تھی۔ بارش اور سلسلۂ تعمیر نے "کاشانہ کا کیا یہ رنگ":

کہ ہو گئے مرے دیوار و در در و دیوار

بچی ٹائیفائڈ میں مبتلا دن تو ڈاکٹروں کے ہاں حاضری دینے میں کٹتا رات بھر تیمارداری کا سلسلہ جاری رہتا۔ ایک بار تنگ آ کر کہا تیمارداری سے تو بہتر ٹائیفائڈ میں مبتلا ہو جانا ہے۔ بیوی نے کہا خاموش ہو جاؤ اللہ کی مصلحت میں چون و چرا کی گنجائش نہیں۔ میں نے کہا چون و چرا کون کرتا ہے۔ رات بھر بچی کو گود میں لے کر ٹہلانے میں ایسے فقرے نکل ہی جاتے ہیں اس کا یہ مطلب نہیں ہے کہ مذہب کے معاملات میں بھی مجھ سے مشتبہ ہو جاؤ۔ مصلحت کی قائل تو مجھ

سے زیادہ تم مو نہیں سکیں، دیکھتی نہیں آج کل چوروں کی وجہ سے تمام لوگ کتنے پریشان ہیں. لیکن ہم تم کس قدر بے فکر ہیں۔ بچی کی بیماری چوروں سے نجات کا باعث بن گئی. ورنہ مکان ٹوٹا ہوا ہے چور گھس آتے تو ہماری تمھاری بے پردگی تو ہوتی ہی تمھاری کفایت شعاری اور میری زیر باری دونوں مالِ مسروقہ بن جاتیں. بیوی نے کہا اچھا چپ رہو رات کے وقت چور ڈاکو کا ذکر نہیں کرتے لیکن آخر برسات میں مکان چھیڑنے کو کس نے کہا تھا. عرض کیا کہا کس نے تھا مصیبت کہیں کہہ کر آتی ہے ضرورت اور اتفاق کس کے بس کے ہیں تم ہی بتاؤ ہماری تمھاری شادی کو کس نے کہا تھا کہ عین طوفان کی حالت میں ہو اور رخصتی طوفانِ نوح اور کشتی نوح میں ہو. جھلا کر کہا کہاں کی بات کہاں پہنچا دی تم تو مجھے ہمیشہ سے وبالِ جان سمجھتے رہے. میں نے کہا بڑی مشکل ہے میں نے چوروں کا تذکرہ کیا تو تم نے کہا رات کے وقت اس کا ذکر نہ کرو میں نے سوچا بنیت شب بخیر شادی کا قصہ چھیڑ دوں اس پر تم چراغ پا ہوگئیں.

تمھیں کہو کہ یہ اندازِ گفتگو کیا ہے

اتنے میں بچی رو ئی اور میں پھر ڈولکی چلنے لگا. اور موسیقی کی وہ دھن شروع کردی جو موسیقی کی ایجاد سے بہت پہلے مدوّن ہو چکی تھی. اب بارش کا سلسلہ شروع ہوا ہوا چلنے لگی شب کی تاریکی و خاموشی میں ایک طرح کا نم آلود سکر پیدا ہوا جس نے رفتہ رفتہ دماغ اعضا اور عضلات میں سرایت کرنا شروع کیا. اس وقت میں زندگی کا ماحصل یا زندگی کی زبونی و درماندگی کا معاوضہ اس آرام کی نیند سے تعبیر کر رہا تھا جو مجھے اپنے اس صاف ستھرے بستر پر میسر آسکتی تھی جس پر میں نے کبھی اپنی طویل بیماری میں نہایت مایوسی اور بے قراری کی راتیں گزاری تھیں. زندگی کے بعض لمحات بھی کس درجہ عجیب ہوتے ہیں جب انسان بے اختیار یہ محسوس کرنے لگتا ہے کہ ان لمحات سے عہدہ برآ ہونے کے لیے اپنی قیمتی ترین متاع بھی قربان کی جاسکتی ہے.

بچی کو میں نے چارپائی پر آہستہ سے سُلا دیا. خیال آیا بیوی کو جگا کر خود سو رہوں. اتنے میں چوکیدار کی چیخ سنائی دی اس محلہ کے چوکیدار کی آواز ایسی ہے گویا چور کو دیکھ کر خوف کے مارے اس کی چیخ نکل گئی ہو. بیوی اٹھ کر بیٹھ گئیں. بشرے سے یہ معلوم ہوتا تھا گویا چیخ کا مصنف میں تھا. فرمایا دیکھیے نہیں بچی بیمار ہے، میں نے کہا دیکھنے کی کون سی بات ہے ہیں تو اس کے

علاوہ یہ بھی دیکھ رہا ہوں کہ آپ آرام فرما رہی ہیں، چوکیدار چیخ رہا ہے بارش ہو رہی ہے اور میں اُلّو کی طرح بیٹھا ہوں. فرمایا تو اس میں میرا کیا قصور ہے کہ آپ کس طرح بیٹھے ہوئے ہیں اچھا اب جاکر سو رہیے تھوڑی دیر میں صبح ہو جائے گی آپ کو ڈاکٹر بٹ صاحب کے پاس جانا ہوگا اور ہاں آمنہ بی کہتی تھیں کہ آپ نے کوئی مضمون لکھنے کا وعدہ کیا تھا جسے اب تک پورا نہیں کیا میرے تحمل کا پیمانہ لبریز ہو چکا تھا. میں نے کہا وعدہ تو میں نے کیا تھا آپ کیوں سر پر سوار ہوگئیں جی میں آیا لکھوں گا جی میں نہ آیا نہ لکھوں گا. نیک بخت بولیں اچھا شور نہ مچائیے اتنا بھی تو لحاظ ہونا چاہیے کہ ڈاکٹر بٹ صاحب ہم لوگوں پر کتنا کرم کرتے ہیں. ان کی ایک ذرا سی فرمائش تو پوری نہیں ہوتی سارا گھر سر پر اٹھا رکھا ہے. آپ کا مضمون میری سمجھ میں تو کبھی آیا نہیں. میں نے کہا جس دن میرا مضمون آپ کی سمجھ میں آگیا اسی دن میں خودکشی بھی کر لوں گا. فرمایا خودکشی کے اس سے بہتر مواقع پیش آیا کیے ہیں لیکن آپ نے اپنا ارادہ ملتوی رکھا.

میں نے اس کا کوئی جواب نہیں دیا. اس لیے نہیں کہ اس سے رفعِ شر مقصود تھا بلکہ کوئی جواب ہی نہ سوجھا. جاکر چارپائی پر لیٹ رہا. خواب میں دیکھتا ہوں کہ ڈاکٹر صاحب کی موٹر پر کاروال کا انبار ہے موٹر بے تحاشا چلی آ رہی ہے کھڑ کھڑ. دھڑ دھڑ تڑ تڑ تڑ تڑ. چرچر اور... ارار ار ادھڑام میرے اوپر سے گزر گئی. آنکھ کھل گئی معلوم ہوا کہ ڈاکٹر صاحب بچی کو دیکھنے آئے ہیں اور دروازے پر کھڑے نعرے لگا رہے ہیں!

ڈاکٹر عبادالرحمٰن خاں بیمار ہوئے ایک آدھ دن ملاقات نہیں ہوئی. خیال کیا الموڑہ سے بیوی بچے واپس نہیں آئے ممکن ہے ان کی فکر میں ہوں. بالآخر معلوم ہوا بیمار ہیں. کوئی کہتا ہے ملیریا ہے کوئی ٹائیفائڈ بتاتا ہے. پہنچا تو معلوم ہوا کہ واقعی بیمار ہیں اور ان کے طالب علم تیمارداری میں مصروف ہیں پوچھا کیسا مزاج ہے تو اس قدر آہستہ جواب دیا، گویا الموڑہ سے آواز آ رہی ہے. بخار ہے میں نے کہا اللہ رحم کرے لیکن یہ بتاشے کی طرح بیٹھے کیوں جا رہے ہیں. بخار ہے تو ہوا کرے اور زیادہ نحیف آواز میں بولے ٹائیفائڈ ہوا تو میں نے کہا کہ میں اپنے سارے قرضے ابھی معاف کیے دیتا ہوں. اس پر ڈاکٹر خاں چونکتے ہوئے آواز میں کسی قدر توانائی آئی. بولے کیسا قرض، ارے تم میرے مقروض ہو یا میں تمہارا. میں نے کہا بھائی کسی کا قرض ہو یہ موقعہ تو صرف معاف کرنے کرانے

کا ہے۔

خون کا معائنہ کیا گیا رپورٹ دیکھ کر ڈاکٹر اصغر نے کہا ٹائیفائڈ تو ہے نہیں ملیریا البتہ ہے میں نے کہا آپ مریضوں کے نہیں بلکہ طالب علموں کے ڈاکٹر ہیں۔ آپ کی رائے لینے یاد دینے کے کوئی معنی نہیں، فرمایا آپ احمق ہیں ٹمپریچر چارٹ دیکھو تو معلوم ہوگا گراف کا موجودہ نشیب و فراز ٹائیفائڈ کا نہیں ہے۔ عرض کیا ٹائیفائڈ اور ملیریا دونوں ہو تو کیا ہو۔ فرمایا ممکن ہے۔ میں نے کہا آپ کے فیصلہ کا یہی حال ہے تو تھوڑی سی ہومیوپیتھک پڑھ ڈالیے۔ کہنے لگے خوب یاد دلایا۔ ٹائیفائڈ میں ہومیوپیتھک علاج بڑا کارگر ہوتا ہے۔ اگر یہ متیقن ہو جائے تو یقیناً ہومیوپیتھک علاج کرنا چاہیے۔ عرض کیا کہ جب تک مرض یا علاج متیقن نہ ہو اور آپ کی رائے ہو تو میں زعفران سے آیۂ شفا لکھ کر پلانے کا انتظام کروں۔ ڈاکٹر صاحب بولے مذاق کی کون سی بات ہے کیا معلوم زعفران کی مقدار بجائے خود ہومیوپیتھک خوراک ہوتی ہو۔ میں نے کہا آپ تو بحیثیت ایک سائنس داں کے زعفران کے معتقد ہوں گے خود ڈاکٹر خان آیۂ شفا کے قائل ہیں۔ ڈاکٹر خان نے منغّص ہو کر کہا تم دونوں یہاں سے دفع ہو تو میری جان بچ جائے اور مجھ پر بڑا احسان ہو اگر آپ لوگ میرے پاس باری باری آیا کریں۔

بخار قائم رہا انار اور سنترے کا عرق آش جو مسہل سب کچھ دیا گیا۔ ایک بھی پیش نہ گئی۔ ایک دن حسب معمول میں اور اصغر صاحب دیکھنے گئے تو معلوم ہوا کہ ڈاکٹر نے منع کر دیا ہے کہ کوئی شخص مریض کے پاس نہ جائے۔ حال دریافت کرنے پر معلوم ہوا کہ دوا اور غذا دونوں سے بیزار ہیں اور برابر پیچ و تاب کھاتے رہتے ہیں اب اس کے سوا چارہ نہ تھا کہ ہم دونوں دخل در معقولات دینے مریض کے پاس پہنچے۔ پوچھا آخر دوا کیوں نہیں پیتے۔ فرمایا کچھ استعمال نہ کروں گا۔ معدہ میں کوئی چیز نہیں ٹھہرتی۔ بخار کا وہی عالم ہے۔ میں نے کہا دوا تو ہر حال میں پینی پڑے گی آپ کو جو تکلیف ہے اس کا دفعیہ صرف دوا سے ممکن ہے۔ اصغر صاحب اور مجھ کو دیکھیے تندرستی میں بھی دوا ترک نہیں کرتے اصغر صاحب نے فرمایا جھوٹے ہو تم ہی تندرستی میں دوا پیتے ہو گے۔ ڈاکٹر خاں نے کہا میں کچھ نہ کروں گا میں نے کہا آپ تو بچوں اور جاہلوں کی سی باتیں کرتے ہیں آپ کے عزیز شاگرد آپ کی جتنی اور جیسی خدمت کرتے ہیں اس کو دیکھ کر اصغر صاحب کو رشک ہے کہتے

تمے اتنی اور ایسی خدمت میری ہو تو میں بیمار ہونے کو تیار ہوں۔ اصغر صاحب نے کہا جھوٹے ہو میں نے کب کہا کہ میں بیمار ہونے کو تیار ہوں۔ ڈاکٹر خان مسکرائے تو میں نے کہا دوا پی لیجیے۔ فرمایا کیوں میں نے کہا آپ کے اس جواب سے تو اندیشہ ہوتا ہے کہ آپ کا مسکرانا محض منافقت تھی، دوا بہرحال پینی پڑے گی۔ بولے معاف کیجیے اور تشریف لے جائیے۔ عرض کیا آپ کی تندرستی میں کبھی یہ خطرہ نہیں گزرا کہ آپ اس درجہ بے مکے اور ضدی ہیں۔ میں تو آپ کو ان لوگوں میں سمجھتا تھا جو دوستوں کی خاطر بڑی سے بڑی حماقت کرنے پر راضی ہو جاتے ہیں۔ فرمایا لا بھائی جان ہی لینے پر آمادہ ہے تو سب کچھ کروں گا۔ سوڈا اور دودھ دیا گیا اس کے بعد دوا پلائی گئی اور ہم سب مکان واپس آئے۔

الموڑہ سے بیوی بچے آئے۔ تیمار دار کم ہونے لگے۔ ایک دن شام کو پہنچے تو لوگوں نے اندر جانے سے منع کیا کہ آج اضمحلال زیادہ ہے، میں نے کہا پھر تو ہماری موجودگی زیادہ ضروری ہے۔ پردہ کرایا گیا اندر پہنچے تو موصوف واقعی نڈھال پائے گئے۔ نہایت نحیف آواز سے بولے طبیعت بہت درماندہ ہے حرکت کرنے میں بھی تکلیف ہوتی ہے۔ میں نے کہا یہ علامت اچھی ہے بخار اور نشہ دونوں کی یکساں خاصیت ہے۔ اترنے میں اضمحلال بڑھتا ہے کہنے لگے بکواس مت کرو میں نے کہا جناب مذاق ختم کیجیے جب بخار نہیں رہا تو مریض بھی نہیں رہا اس لیے آپ کو خوش ہونا چاہیے اس سے بیوی تیمار دار سب خوش ہوں گے مرشد کا قول آپ کو نہیں یاد رہا کہ خوش رہنا مفید غذا مقوی دوا ہے۔

میں نے کہا کچھ اور بھی سنا خان صاحب جرمنی جانے والے ہیں اور اصغر صاحب حج کرنے والے ہیں۔ اصغر صاحب بولے "خان صاحب حج کو جا رہے ہیں اور میرا ارادہ جرمنی کا ہے" میں نے کہا "یہ تو آپ لوگ ایک بار کر چکے ہیں لیکن اس کا خاطر خواہ نتیجہ نہیں نکلا اب آپ حج کو جائیں اور خان صاحب جرمنی ہو آئیں۔ اس طور پر مذہب اور آرٹ یا مولوی اور عورت کی بہت سی گتھیاں سلجھ جائیں گی" ڈاکٹر خان بولے خود کیوں نہیں ہو آتے۔ میں نے کہا میں اور آپ دونوں گئے گزرے لوگوں میں ہیں۔ میں شیروانی پاجامہ پر ہیٹ لگاتا ہوں آپ کوٹ پتلون میں مزارات پر جاتے ہیں۔

باہر نکلے اور زینہ سے اتر ہی رہے تھے کہ ڈاکٹر بٹ صاحب اپنی بھونچال پر سوار آدھمکے دور ہی سے للکارا تم لوگ مریض کے پاس کیسے پہنچے؟ عرض کیا کیوں نہ پہنچتے۔ ڈاکٹر صاحب بگڑ کر بولے میں نے ہدایت کر دی تھی کہ کوئی شخص مریض کے پاس نہ جانے پائے میں نے کہا ہم لوگ "شخص" کب ہیں ہم تو علاج ہیں۔ فرمایا ناک میں دم ہے، اور کیوں جی مضمون لکھا۔ میں نے بھی کہا ناک میں دم ہے۔ فرمایا سلام علیکم۔ ہم لوگ تانگے پر بیٹھ کر واپس ہوئے۔

راستے میں اصغر صاحب نے فرمایا کیوں جی آٹھ دس دن سے تانگے پر یہاں آتے جاتے ہیں کرایہ کون دیا کرتا ہے۔ میں نے کہا تانگے والے سے پوچھیے۔ بگڑ کر فرمایا تانگے والے سے کیوں پوچھا جائے تم جو مفت خوری کرتے ہو۔ عرض کیا اور کبھی آپ کو یہ بھی خیال آیا میں تعظیماً برابر آگے بیٹھتا آیا ہوں اور ارباب باصفا پر مخفی نہیں کہ جو شخص تانگے پر آگے بیٹھتا ہے اس کا کرایہ معاف ہوتا ہے۔

فرمایا، یہ سب صحیح لیکن آپ خود کیوں نہیں تانگہ کرتے ہیں عرض کیا سوال سینیر اور جونیر کا ہے پہلے بھی آپ کو بتا چکا ہوں کہ سفر میں ایک شخص کو سردار بنا لیا جاتا ہے، بقیہ اس کی متابعت کرتے ہیں۔ سینیر اور جونیر میں فرق یہ ہے کہ میں جونیر آپ سینیر کی معیت میں ہوں تو میرا خوش گوار فرض ہوگا کہ میں تانگہ پکڑ لاؤں، اسباب بار کراؤں کرایہ چکاؤں۔ کسی دکان پر جائیں تو آپ تانگے پر بیٹھے رہیں میں کپڑے، موزے، جوتے پھل پھلہری لا لا کر آپ کو دکھاؤں، کوئی فقیر آجائے تو مار بھگاؤں یا آپ کی نقدی میں سے خیرات دے دوں مجھے کوئی چیز پسند آجائے تو آپ خرید دیں۔ کچھ بحث و مباحثہ کی نوبت آئے تو قبل اس کے کہ آپ غلط اردو بولنے پر مجبور ہوں میں غلط انگریزی بولنے لگوں۔ برج کی صحبت ہو اور ہم آپ ایک طرف ہوں تو اگر آپ ایک نوٹرمپ کہیں تو میں دو نوٹرمپ کہوں، دشمن آپ کو ڈبل کرے تو میں ری ڈبل کر دوں۔ آپ غلطی کریں تو مجھے برا بھلا کہہ لیں مجھے بحیثیت جونیر کے کوئی حق نہ ہوگا کہ سینیر کے خلاف ایک لفظ منہ سے نکالوں۔!

فرمایا شکریہ! لیکن آپ خود کیوں نہ سینیر بنیں۔ میں نے کہا سینیر بننا آسان نہیں ہے۔ اس کے لیے صورت شکل، وضع قطع رکھ رکھاؤ ضروری ہے۔ مجھے اکثر میٹنگ وغیرہ میں شریک ہونے کے لیے باہر جانا پڑتا ہے۔ فرسٹ کلاس کا ٹکٹ لیتا ہوں۔ لیکن بعض اوقات ایسی دشواریاں

بیتیں آئیں اور رسوائی ہوئی کہ اکثر جی میں آیا کہ فرسٹ کلاس کا ٹکٹ لے کر تھرڈ کلاس میں بیٹھ جاؤں. اوّل تو قلی پوچھتا ہے، صاحب اسباب انٹر کلاس میں رکھوں. اس کے بعد ہر بڑے اسٹیشن پر محنت جھگڑا کر دیکھ جاتا ہے. خوانچہ والے دہی بڑے پیش کرتے ہیں، پانی والا تاملوٹ اور بالٹی دکھاتا ہے!

ان حالات کو دیکھتے ہوئے انصاف فرمائیے مجھ میں سنیئر بننے کی کہاں تک صلاحیت ہے. دوسری طرف اپنے کو ملاحظہ فرمائیے. آپ سے زیادہ یونیورسٹی میں نہ کوئی خوش لباس نہ خوش اطوار، نہ خوش اوقات، آپ کا پاندان میری بیوی کے سنگاردان سے زیادہ خوبصورت ہے، اُبلا پانی پیتے ہیں، ٹیکے لگواتے ہیں مکھی زندہ نہیں رہنے دیتے، قاعدے سے برج کھیلتے آئے ہیں خواہ قاعدے کے سبب سے بنتے ہوئے گیم کے بجائے دو چار ہاتھ ڈاؤن ہی کیوں نہ ہو جائیں سالن میں مرچ نہیں کھاتے چائے میں دودھ نہیں ڈالتے، بدتمیزی معاف نہیں کرتے قرض کا تقاضا نہیں کرتے، ہر روز شیو کرتے ہیں اور دو بار غسل کرتے ہیں. نہ کبھی کلاس چھوڑتے ہیں نہ ٹرین. میں تو فرسٹ کلاس کا ٹکٹ لوں تو کسی کو یقین نہ آئے آپ بے ٹکٹ بھی سفر کریں تو کوئی قریب آنے کی ہمت نہ کرے. آپ سے ہاتھ ملانے کے لوگ متمنّی اور منتظر. میرا سلام لینے سے مستغنی اور بیزار انصاف کیجیے ایسی حالت میں کون سنیئر بننے کا مستحق اور سزاوار ہے؟

فرمایا آپ ہیں احمق، مسخرہ بننے کی کوشش فرماتے ہیں. ذرا آئینہ میں شکل ملاحظہ فرمائیے. میں نے کہا آپ کے یہ خیالات غلط فہمی پر مبنی ہیں میں احمق نہیں اس لیے کہ چندہ دیتا ہوں خیرات نہیں کرتا. پردہ کا حامی ہوں لیکن علانیہ رقص کرتا ہوں، غریب پر آ بنے تو گورنمنٹ کا ساتھ دیتا ہوں. اپنے اوپر آفت آئے تو جہاد کی تلقین کرتا ہوں. رہی مسخرگی اس کا الزام یوں غلط ہے کہ یہ بجائے خود مرض نہیں ہے علامتِ مرض ہے آپ دربارداری کا مطالبہ نہ کریں میں مسخرگی سے باز آ جاؤں. آئینے میں شکل دیکھنے کا کوئی سوال نہیں. جونیر کی شکل ایسی ہی ہوتی ہے. وہ مقولہ نہیں سنا دُنیا میں رہنے کے دو مقصد ہیں انشاط یا نجات!

ایک صاحب نے مجید صاحب کا تار لا کر دیا کہ ابھی ابھی گھر پر آیا تھا۔

اب پانی سر سے گزر چکا تھا ارادہ کر کے بیٹھا کہ مضمون لکھوں گا۔ خیال آیا کہ کمرہ میلا ہے، چیزیں بے ترتیب ہیں اُن کو درست کر لوں تو اطمینان سے لکھوں چنانچہ کمرہ صاف کیا گیا چیزیں قرینے سے رکھی گئیں۔ قلم اٹھایا تو معلوم ہوا سیاہی نہیں۔ فوراً بک ڈپو پہنچا کہ سیاہی کی شیشی خریدوں۔ معلوم ہوا کہ بک ڈپو کی چھت ٹپک رہی ہے۔ فلاں کتاب نہیں آئی پارسلوں کی بلٹیاں وی۔ پی سے آئی ہوئی ہیں۔ روپیہ کا انتظام کیجیے۔ ایک خریدار منیجر سے الجھے ہوئے ہیں منشی اور دفتری کی جھک جھک ہو رہی ہے کتابوں اور کاپیوں کا آرڈر بھیجنا ہے اسٹیشنری کی قیمت نہیں لگائی گئی ہے۔ تین گھنٹے اس کی نذر ہوئے۔ شام ہوگئی۔ مکان واپس آیا تو معلوم ہوا کہ داخلے کے سلسلے میں لڑکے مع والدین آئے ہوئے ہیں۔ تیسرے درجہ میں پاس ہوئے ہیں۔ گھر سے ایک پیسے کی امداد نہیں ہو سکتی۔ فیس معاف ہونی چاہیے۔ قرضِ حسنہ دلوائیے۔ آفتاب ہال میں جگہ مل جائے۔ سکنڈ ہینڈ کتابوں کا بندوبست کیجیے۔ فرنیچر گھر سے دیجیے۔ فلاں فلاں اصحاب سے ملائیے۔ وائس چانسلر صاحب کے یہاں لے چلیے۔ قوم کی غفلت اور مسلمان بچوں کی تباہی پر ان کے ساتھ ماتم کرتا رہا اور ما حضر کھاتا کھلاتا رہا۔

رات گئے زنان خانے میں داخل ہوا تو معلوم ہوا کہ ایک صاحب بیمار ہیں دوسرے کھانا کھانے سے انکار کرتے ہیں تیسرے صاحب اس قدر کھائے جا رہے ہیں کہ ان کی صحت خطرہ میں ہے، یہ تصفیئے فیصل کر کے بیٹھا تھا کہ کل پڑھانے کے لیے کچھ پڑھ لوں تھوڑی دیر تک مراقبہ میں بیٹھا رہا کہ ایک طرف سے سسکنے کی آواز آئی جو رفتہ رفتہ بلند ہوتی گئی۔ پوچھا گیا ہے معلوم ہوا پانی پئیں گے جب تک پانی مہیا کیا جائے دوسرے نے ایک نالہ سرکیا ان کی خدمت میں حاضر ہوا فرمایا میں بھی پانی پیوں گا۔ ان کے حکم کی تعمیل کی۔ واپس آکر کتاب اٹھائی۔ کل کا سبق ہے ارتقا نظم نکالی گئی۔

ستیزہ کار رہا ہے ازل سے تا امروز
چراغِ مصطفوی سے شرارِ بولہبی!

بات تو ٹھیک ہے لیکن آج کل کے نوجوان مسلمان اسے سمجھیں گے کس طور پر؟

چراغِ مصطفوی پر ایمان نہیں شرارِ بولہبی کے قائل نہیں۔ اچھا مسئلہ خیر و شر سے بحث کی جائے گی لیکن خیر و شر کو سمجھتے تو چراغِ مصطفوی اور شرارِ بولہبی کے سمجھنے میں کون چیز حائل تھی! اچھا یہ بھی نہ سہی، سرمایہ دار اور مزدور کی مثال سے سمجھانے کی کوشش کی جائے گی۔ آگے چلئے:

حیات شعلہ مزاج و غیور و شور انگیز
سرشت اس کی ہے مشکل کشی جفا طلبی

اس شعر کو سمجھانا ذرا دشوار ہے ایسی حیات جس نے مشکل کشی اور جفا طلبی سے ترکیب پائی ہو، ان نوجوانوں کی سمجھ میں کیسے آئے گی، جو حیات کا مفہوم یہ سمجھتے ہوں کہ ان کی کفالت کے ذمہ داران کے والدین یا مسلم یونیورسٹی ہو اور ہندوستان کی آزادی کے ذمہ دار ہندو۔ تکلیف ہو تو چیخنے لگیں، راحت ملے تو کسی اور کی چیخ سنائی نہ دے اچھا ان کو مثال دے کر سمجھایا جائے گا۔ مسلمانوں کی تاریخ تو ان کے نزدیک افسانۂ کہن ہے۔ ممکن ہے موجودہ ترکوں کی مثال سمجھ میں آ جائے لیکن اگر کوئی یہ بول اٹھا کہ موجودہ ترک مسلمان کب ہیں تو کیا جواب دوں گا؟ کچھ حرج نہیں، حکومتِ ترکیہ اسلامیہ کے مظاہر شخصی بھی دو ہیں، مصطفیٰ کمال اور رؤف بے۔ لیکن اسلامی حکومت ممکن ہے ہندی مسلمانوں کی سمجھ میں نہ آئے کیونکہ اس چیز کو مہاسبھا اور برطانوی کابینہ وزارت دونوں برا سمجھتے ہیں اس لیے اخلاق اور عقل دونوں اعتبار سے یہ قابلِ احتراز ہے۔ بہرحال اس پر گفتگو کی جا سکتی ہے۔

لیکن اس بحث کو کیوں اٹھایا جائے، مشکل کشی اور جفا طلبی کا مسئلہ نوجوانوں کی سمجھ میں اس وقت تک نہ آئے گا جب تک آپ اسلامی ادب یا تاریخ کی مثالیں پیش کرتے رہیں گے۔ کسی غیر اسلامی چیز کو پیش کریں، مان لیں گے۔ لیکن اس وقت اس کا موقع نہیں کہ قوم کا ماتم کیا جائے کسی نہ کسی طرح سبق پر نظر ڈال لینی ہے۔

سکوتِ شام سے تا نغمۂ سحر گاہی
ہزار مرحلہ ہائے فغانِ نیم شبی

شاید اس شعر کے سمجھنے میں زیادہ دقت نہ ہو۔ یہ بحث مشکل کشی اور جفا طلبی کے سلسلے میں آ چکی ہوگی، کچھ کسر باقی رہ گئی تو پھر ان کو وہ زمانہ یاد دلایا جائے گا جب امتحان قریب

ہوتا ہے اور کورس کورا! شام کو بیٹھ کر پڑھنا شروع کرتے ہیں نیند آتی ہے تو اٹھ کر ٹہلنے لگتے ہیں پھر پڑھتے ہیں نیند کا غلبہ ہوتا ہے تو چائے کی تیاری میں ہر قسم کی زحمت اٹھاتے ہیں پھر پڑھائی شروع ہوتی ہے۔ نیند کا غلبہ ہوتا ہے۔ کورس قبضے میں آجاتا ہے پاس کے درختوں پر پرندوں کا پہلا نغمہ شروع ہوتا ہے۔ افقِ مشرق سے آفتاب ابھرتا ہے یا نمایاں بام گردوں سے جبینِ جبرئیل!

کشاکشِ نرم و گرما تب و تراش و خراش
زخاکِ تیرہ دروں تا بہ شیشۂ حلبی!
مقامِ بست و شکست و فشار سوز کشید!
میانِ قطرۂ نیسان و آتشِ عنبی!

یہ اشعار ٹھیک ہیں اس عہد کے نوجوان ساغر اور شراب کا مفہوم ہم سے زیادہ سمجھتے ہیں دقت اس وقت پڑتی ہے جب ساغر اور شراب کو تصوف یا تصوف کو ان کے قالب میں ڈھالنا پڑتا ہے۔ اس کے علاوہ ایک سہولت یہ بھی ہے کہ آج کل فنِ معلّمی کا ایک گُر یہ بھی بتایا جاتا ہے کہ مفہوم کے سمجھنے یا سمجھانے میں دشواری پیش آئے تو موضوعِ بحث کو دلچسپ انداز میں خارج از بحث بنا دیا جائے۔ یوں بھی ساغر و شراب کی حکایت لذیذ ہوتی ہے!

اسی کشاکشِ پیہم سے زندہ ہیں اقوام
یہی ہے رازِ تب و تابِ ملّتِ عربی
مغاں کہ دانۂ انگور آب می سازند
ستارہ می شکنند آفتاب می سازند

یہ ابھی کشاکشِ پیہم" پر بحث ہو چکی ہے۔ ملّتِ عربی کو پیش کرنے کا موقع دیکھا جائے گا۔ آخری شعر فارسی کا ہے موجودہ دور میں اردو ہی کون سمجھتا ہے کہ یہ فارسی کا شعر بیچ میں آ گیا۔ "ستارہ می شکنند آفتاب می سازند" کی بلندی اور بلاغت سے ان لوگوں کو کیسے آشنا کیا جائے گا جن میں سے ایک صاحب مغاں کو مغاں پڑھتے تھے اور

سرد ھنتے تھے! اللہ مالک ہے۔ سمجھا نہ سکا تو اردو کے ایک شعر میں پناہ لوں گا:

انگور میں تھی یہ مے پانی کی چار بوندیں
جس دن سے کھنچ گئی ہے تلوار ہوگئی ہے

دوسری کلاس میں غالب سے سابقہ ہوگا۔ رات زیادہ آگئی ہے مگر کوئی مفر نہیں خدا کرے سبق آسان ہو۔ دیوان کھولا یہ نکلا۔

موت کا ایک دن معین ہے
نیند کیوں رات بھر نہیں آتی!

لیکن اب الفاظ اور سطروں کی بجائے نیند چلی آتی ہے۔ پہلا مصرعہ امرِ مسلّم لیکن دوسرا خلافِ واقعہ ہے۔ کتاب ہاتھ سے چھوٹ گئی۔

ہم وہاں ہیں جہاں سے ہم کو بھی
کچھ ہماری خبر نہیں آتی!

صبح مضمون لکھنے بیٹھا تو معلوم ہوا سیاہی کی شیشی خریدنا بھول گیا۔ پنسل ڈھونڈ کر نکالی مضمون کا عنوان کیا ہو، کچھ دیر سوچتا رہا پھر طے کیا عنوان نہ سہی مضمون کی فکر کرو لیکن مضمون کا بھی پتہ نہیں اچھا عنوان پر پھر زور لگاؤ مثلاً ہندو مسلم اتحاد، برطانیہ کا اخلاص اور ہندوستان کا افلاس، انجمن اقوامِ عالم اور ہم، اچھوت اور ہم، ہٹلر اور ہم، بم اور ہم، کاروال اور ہم یعنی ہم ہی ہم!

ہندو مسلم اتحاد پر لکھنا آسان ہے مثلاً محرم، گاؤ کشی، تناسب آبادی اور بربادیٔ ریاست متحدہ اسلامیہ، پورن راج، مخلوط انتخاب مخلوط ازدواج، اردو کے مسئلے، ناگری پرچارنی سبھا، لاٹھی چارج، تشفیع داؤدی اور پنڈت مالوی لیکن ان کی طرف متوجہ کون ہوگا؟ "برطانوی اخلاص اور ہندوستانی افلاس" بھی اچھا مضمون ہے مگر اس قسم کی چیزوں سے میرٹھ کا مقدمہ سازش بھی مرتب ہوجایا کرتا ہے اس لیے اس سے اجتناب لازم ہے، فائدہ کیا خود جیل خانہ گئے۔ گورنمنٹ کو زیر بار ہونا پڑا۔

انجمن اقوام عالم اور ہم۔ خاصا عنوان ہے لیکن اقبال نے ایک شعر میں جو کچھ لکھ دیا ہے

وہ ہم سے ایک جلد میں بھی نہ لکھا جائے گا۔

من ازیں بیش ندانم کہ کفن دزدے چند
بہرِ تقسیم قبور انجمنے ساختہ اند

"اچھوت اور ہم" البتہ کسی قدر حسبِ حال ہے۔ "ہٹلر اور ہم" بھی خوب ہے لیکن ہٹلر کو ہم اپنی یونیورسٹی کے نقطۂ نظر سے کچھ بہت اچھا نہیں سمجھتے اور بزرگوں نے کہا ہے کہ ایسوں کا نام نہ لینا چاہیے ورنہ اکثر ایسا ہوا ہے کہ ادھر نام لیا ادھر وہ آدھمکے اس لیے بہتر یہی ہے کہ اس کو نظر انداز کیا جائے۔

"بم اور ہم" قافیہ کے اعتبار سے مناسب لیکن عنقریب ہز اکسلینسی گورنر کا ورود ہوگا ایسی حالت میں اس کا ذکر مناسب نہیں کیوں نہ اس عنوان کو خواجہ حسن نظامی صاحب کے پاس بھیج دیا جائے۔ کسی ایسے ہی موقع پر موصوف نے "پیاری ڈکار" تصنیف فرمائی تھی، ممکن ہے اس دفعہ بھی کچھ ہو جائے!

گھاگ

گھاگ (یا گھاگھ) کی ہیئتِ صوتی و تحریری اس کو کسی تعریف کا محتاج نہیں رکھتیں۔ الفاظ کی شکل اور آواز سے کتنے اور کیسے کیسے معنی اخذ کیے گئے ہیں۔ لسانیات کی پوری تاریخ اس پر گواہ ہے۔ کبھی کبھی تلفظ سے بولنے والے کی نسل اور قبیلہ کا پتہ لگا لیتے ہیں۔ گھاگ کی تعریف منطق یا فلسفہ سے نہیں تجربے سے کی جاتی ہے۔ ایسا تجربہ جسے عقلمند سمجھ لیتا ہے، بے وقوف برتنا چاہتا ہے۔

گھاگیات کا ایک اصول یہ ہے کہ قضیئے میں فریق سے بہتر قاضی بننا ہے۔ جھگڑے میں فریق ہونا خامی کی دلیل ہے۔ حَکَم بننا عقلمندوں کا شعار ہے۔ اگر ہر ایجاد کے لیے ایک ماں کی ضرورت ہے تو ہر ضرورت کے لیے ایک گھاگ لازم آتا ہے۔ گھاگ موجود نہ ہوتا تو دنیا سے ضرورت کا عنصر مفقود ہو جاتا اور "طلب محض ہے سارا عالم" کا فلسفہ انسدادِ توہینِ مذاہب کے قانون کی مانند ناقص ہو کر رہ جاتا --- گھاگ کا کمال یہ ہے کہ وہ گھاگ نہ سمجھا جائے۔ اگر کوئی شخص گھاگ ہونے کا اظہار کرے یا بقول شخصے "مار کھا جائے" تو وہ گھاگ نہیں گھاگھس ہے اور یہ گھاگ کی ادنیٰ قسم ہے۔ ان میں امتیاز کرنا دشوار بھی ہے آسان بھی۔ جیسے کسی روشن خیال

بیوی کے جذبۂ شوہر پرستی یا کسی مولوی کے جذبۂ خداترسی کا صحیح اندازہ لگانا۔

گھاگ ایک منفرد شخصیت ہوتی ہے۔ وہ نہ کوئی ذات ہے نہ قبیلہ، وہ صرف پیدا ہو جاتا ہے لیکن اس کی نسل نہیں چلتی۔ روایت قائم رہتی ہے۔ ہر طبقہ اور جماعت میں کوئی نہ کوئی گھاگ موجود ہوتا ہے۔ معاشرہ، مذہب، حکومت غرض وہ تمام ادارے جن سے انسان اپنے آپ کو بناتا بگاڑتا یا ڈرتا ڈراتا رہتا ہے، کسی نہ کسی گھاگ کی دستبرد میں ہوتے ہیں وہ جذبات سے خالی ہوتا ہے اور اپنے مقصد کے حصول میں نہ جاہل کو جاہل سمجھتا ہے نہ عالم کو عالم۔ دانشمند کے سامنے وہ اپنے کو احمق اور احمق کے سامنے احمق تر ظاہر کرے گا۔ جب تک وہ اپنے مقاصد میں کامیاب ہو سکتا ہے، اس کو یہ پروا نہیں ہوتی کہ دنیا اس کو کیا کہے گی۔ وہ کامیابی ہی کو مقصد جانتا ہے، وسیلے کو اہمیت نہیں دیتا۔

گھاگ کا سوسائٹی کے جس طبقے سے تعلق ہوتا ہے اسی اعتبار سے اس کی گھاگیت کا درجہ متعین ہوتا ہے۔ نچلے طبقے کا متوسط طبقے اور متوسط طبقے کا اعلیٰ طبقے کے گھاگ پر فوقیت رکھتا ہے اس لیے کہ موخّرالذکر کو اوّل الذکر سے کہیں زیادہ سہولتیں میسر ہوتی ہیں۔ یہاں تک کہ وہ گھاگ نہ بھی ہوں جب بھی اپنی دولت اور اثر سے کام نکال سکتے ہیں۔ ان سے کم درجہ والے کو اپنی گھاگیت کے سوا کچھ اور میسر نہیں ہوتا۔ مثلاً گھاگ ہونے کے اعتبار سے ایک پٹواری کا درجہ کسی سفیر سے کم نہیں بشرطیکہ سفیر خود کبھی پٹواری نہ رہ چکا ہو۔

سیاسی گھاگ کو قوم اور حکومت کے درمیان وہی حیثیت حاصل ہوتی ہے جو قمار خانے کے منیجر کو قمار بازوں میں ہوتی ہے۔ یعنی ہار جیت کسی کی، نفع اس کا! وہ صدارت کی کرسی پر سب سے زیادہ ہار پہن کر تالیوں اور نعروں کی گونج میں بیٹھتا ہے اور تحریر و تقریر میں پریس اور حکومت کے نمائندوں کو پیش نظر رکھتا ہے۔ کہیں گولی چلنے والی ہو یا دار و رسن کا سامنا ہو تو وہ اپنے ڈرائنگ روم یا کوہستانی قیام گاہ کو بہتر و محفوظ تر جگہ سمجھتا ہے۔ اس کے نزدیک قوم کی حیثیت نعش کی ہے۔ اس پر مزار تعمیر کر کے نذرانے اور چڑھاوے وصول کیے جا سکتے ہیں لیکن پیش قدمی

کی ضرورت ہو تو ان سے گڑھے پاٹ کر راستے ہموار کیے جا سکتے ہیں۔ اپنے اغراض کے پیش نظر وہ نوحۂ غم اور نغمۂ شادی میں کوئی فرق نہیں کرتا۔ وہ حکومت سے خفیہ طور پر اور حکومت اس سے علانیہ ڈرتی ہے۔

گھاگ صرف اپنا دوست ہوتا ہے۔ کسی اور کی دوستی پر اعتبار نہیں رکھتا۔ موقع سے فائدہ اٹھاتا ہے موقع کو اپنے سے فائدہ نہیں اٹھانے دیتا۔ کبھی کبھی وہ اپنے کو خطرے میں بھی ڈال دیتا ہے لیکن اسی وقت جب اسے یقین ہوتا ہے کہ خطرے سے اس کو نہیں بلکہ اس سے خطرے کو نقصان پہنچے گا۔ وہ انتہا پسند نہیں ہوتا صرف انتہا پسندوں سے فائدہ اٹھاتا ہے۔ اس کی مثال ایک ایسی عدالتی مسل سے دی جا سکتی ہے جس کی رو سے متضاد فیصلے آسانی سے دیے جا سکتے ہیں اور وہ فیصلے آسانی سے بحال بھی رکھے جا سکتے ہیں اور توڑے بھی جا سکتے ہیں۔

سیاسی گھاگ فیکٹری کے بڑے پہیے کی مانند ہوتا ہے۔ بظاہر یہ معلوم ہوگا کہ صرف ایک بڑا پہیا گردش کر رہا ہے لیکن اس ایک پہیے کے دم سے معلوم نہیں کتنے اور کل پرزے گردش کرتے ہوتے ہیں۔ کہیں بھاری مشین تیار ہوتی ہے کہیں نازک ہلکے طرح طرح کے آلات۔ کہیں زہر، کہیں تریاق، کہیں برہنہ رکھنے کے لیے کپڑے تیار ہوتے ہوں گے کہیں بھوکا رکھنے کے لیے خرمن جمع کیا جا رہا ہوگا۔ کہیں حفاظت کا کام درپیش ہوگا کہیں ہلاکت کے سامان کیے جا رہے ہوں گے۔ گھاگ بولنے کے موقع پر سوچتا ہے اور چھینکنے کو صرف ایک جمائی پر ختم کر دیتا ہے۔ وہ ضابطۂ فوجداری اور کتاب الٰہی دونوں کی طاقت اور کمزوری سے واقف ہوتا ہے۔ آرام کمرے میں بیٹھ کر جیل خانہ پر عذاب جھیلنے والوں سے ہمدردی کرے گا کہ کہیں وہ ملک الموت کی زد میں نہ ہوں۔

وہ حکومت کے خطابات قبول نہیں کرتا لیکن خطاب یافتوں کو اپنے اثر میں رکھتا ہے کونسل اور کمیٹی میں نہیں بولتا ہے لیکن کونسل اور کمیٹی میں بولنے والے اسی کی زبان بولتے ہیں۔ وہ کبھی بیمار نہیں پڑتا۔ لیکن بیماری اسی طرح مناتا ہے جس طرح دوسرے تعطیل مناتے ہیں۔ اس کا بیمار ہونا درحقیقت اپنی صحت منانا ہوتا ہے۔ وہ ہر طرح کے جرم کا مرتکب ہوتا

ہے لیکن ماخوذ کسی میں نہیں ہوتا. جرائم پیشہ ہوتا ہے سزا یافتہ نہیں ہوتا.

مذہبی گھاگ کو مذہب سے وہی نسبت ہے جو بعض نوجوانوں کو اپنے والدین سے ہوتی ہے. وہ والدین کو اپنا کمزور اور مضبوط دونوں پہلو سمجھتا ہے. ایک طرف تو وہ ان کو حکام کے آستانوں پر حاضر ہوکر مرادیں مانگنے کا وسیلہ سمجھتا ہے دوسری طرف اگر وہ خود تعلیم یافتہ، روشن خیال اور اسی طرح کی بیوی کا شوہر ہے اور والدین ذی حیثیت نہیں ہیں تو ان کو حکام عالی مقام کے چپراسی سے بھی چھپانے کی کوشش کرے گا. ضرورت پڑ جائے گی تو مذہب کا واسطہ دلا کر دوسروں کو ہندوستان سے ہجرت پر آمادہ کرے گا. کسی اور موقع پر مذہب ہی کی آڑ پکڑ کر دارالحرب میں سود لینے لگے گا. وہ تارکِ موالات رہے گا، تارکِ لذّت نہ ہوگا.

ایک شخص کا کردار یوں بیان کیا گیا ہے. پیشِ ملّا قاضی پیشِ قاضی ملّا پیشِ ہیچ ہر دو، پیشِ ہر دو ہیچ. یعنی وہ ملّا کے سامنے قاضی بنا رہتا ہے اور قاضی کے سامنے ملّا. دونوں میں سے کسی کا سامنا نہ ہو تو دونوں حیثیتیں اختیار کر لیتا ہے اور دونوں موجود ہوں تو کہیں کا نہیں رہتا. یہ مقولہ گھاگس پر صادق آتا ہے. گھاگ ایسا موقع نہیں آنے دیتا کہ "وہ کہیں کا نہ رہے" گھاگ کی یہ مستند پہچان ہے.

دفعتاً حاجی بلغ العلیٰ وارد ہوئے اور آتے ہی بے ربط سوالات اور دوسرے اضطراری یا اختیاری اشتغال سے ایک دھوم مچادی. کمرے میں داخل ہونے سے پہلے دور ہی سے سلام علیکم. کمبل بردوش ریش بداماں، پوچھنے لگے، نظر کیوں نہیں آتے ہو، سگریٹ لاؤ. پانی منگاؤ. آخر دیر کیا ہے، کھانا کھا چکے ہو، کچھ معلوم ہوا؟ کمیشن والے آج ٹینس کھیلیں گے یا ڈاکٹر ضیاالدین صاحب کا بیان لیں گے؟ اچھا کوئی گانا سناؤ. "آمدِ شہزادہ ہے گلشن ہے سارا لکھنؤ!" ایک کرسی پر جا بیٹھے ٹھیک طور سے جگہ نہیں پکڑی تھی کہ کھڑے ہوکر دیوار پر آویزاں تصویر دیکھنے لگے لیکن جیسے تصویر دیکھنا نہیں وقت گزارنا مدِ نظر ہو. وہاں سے جست کی تو چارپائی پر دراز اور کمبل میں ملفوف. چند لمحے بعد اٹھ بیٹھے جیسے کوئی بھولی۔ بات یاد آگئی ہو، پھر یوں لیٹ گئے جیسے اس چیز کو اور اس کے ساتھ ساری کائنات کو صبر کر بیٹھے ہوں. پانی آیا، فرمایا نہیں دیا سلائی

لاؤ، وہ آئی تو جلانے کے بجائے اس سے خلال کرنے لگے۔ کچھ کتابیں اُلٹیں، اخبار کے اوراق زیروزبر کر ڈالے، فرمایا یہ سب تو ہوا، بتاؤ فلاں صاحب مکان پر ملیں گے۔ اور ہاں تم کچھ لکھ رہے تھے عرض کیا۔ گھاگ، فرمایا سیلطنت سے باز نہ آؤ گے۔ اب دیکھتا ہوں تو حاجی صاحب صحن کے دروازے سے غائب ہوتے نظر آئے۔

جیسا کہ بیان کیا جا چکا ہے، ہر جماعت میں گھاگ ہوتے ہیں یہاں تک کہ فرشتوں میں جب مسلسل و مدام۔ عبادت ہونے لگی تو مصلحتِ الٰہی نے آدم کو پیدا کیا۔ فرشتوں کا یہ کہنا کہ یہ صفحۂ ہستی پر فساد پھیلائیں گے گھاگ کی آمد کا پیش خیمہ تھا۔ جس طور پر کٹر ملحد اور دہریے کبھی کبھی کٹر موحد اور متقی ہو جاتے ہیں اسی طور پر فرشتوں کے معصوم طبقے میں ابلیس گھاگ، پیدا ہوا۔ گندم جنتی پر آدم و حوا سے باز پرس کی گئی۔ گھاگس تھے گھگھی بندھ گئی۔ اپنی خطا کا اس طرح اعتراف کیا جیسے اس پر ان کو قدرت حاصل تھی۔ گھاگ سے جواب طلب کیا گیا تو اس نے جواب دیا۔ مجھے آخر کس نے گمراہ کیا؟ یہ سوال ارتکابِ جرم سے زیادہ سنگین تھا گھاگ اور گھاگس دونوں جلا وطن کیے گئے اور اس جہان میں پھینک دیے گئے جہاں نبرد آزمائی کے ہر ایک کو مساوی مواقع ملے جس کی طرف اقبال نے اشارہ کیا ہے:

مزی اندر جہانِ کور ذوقے
کہ یزداں دارد و شیطاں ندارد

آمد میں آورد!

ہندوستان کے دو پیدائشی حقوق ہیں۔ ایک بلوغ دوسرا سوراج۔ مس میو اور تلک آنجہانی اس پر گواہ ہیں۔ شرعاً ممکن ہے یہ گواہی ناقص ہو لیکن مس میو کی اصلاحی سرگرمیاں اس قسم کے اصطلاحی اعتراضات سے بری ہیں۔ معلوم نہیں ہندوستانیوں کو اس کی توفیق کبھی ہوگی یا نہیں کہ حقوق کو متوازن کر یا رکھ سکیں۔ ہندوستانی کون ہے اور کون نہیں یہ بعد کو طے ہوگا۔ میرا خیال ہے غیر ہندوستانی دو ہیں۔ ایک ہندو، دوسرے مسلمان۔ ان کو مس میو کے حوالے کر دینا چاہیے۔ اس کے بعد ہندوستان کو مکمل آزادی مل جائے گی۔ اس آزادی کو سوراج کہہ لیجیے یا شب برات نہ سائمن کمیشن کی ضرورت باقی رہے گی نہ آتنگ نگرہ گوئیوں کی۔

لیکن آمد اور آورد کو سائمن کمیشن اور آتنگ نگرہ گوئیوں سے کیا نسبت اور یہ بھی کیا ضرور کہ ہر مضمون کو اس کے عنوان سے نسبت ہو۔ آخر تعلیم یافتہ بیوی کو ہندوستانی شوہر سے بھی کچھ اسی طرح کی نسبت ہوتی ہے۔ ہر شخص اس کا طلب گار ہے کہ اسے کم سے کم اولاد اور زیادہ سے زیادہ روشن خیال بیویوں سے سابقہ ہو۔ ایسا نہ ہو تو آرٹ کا مقصد

کیوں کر پورا ہوگا جب یہ بھی معلوم ہو کہ آرٹ کے زوال سے بیسویں صدی میں کتنوں کو جوتیاں اور کتنوں کی روٹیاں ماری جائیں گی۔ تضاد قدر نے روزی کے مسئلہ میں ایک ستم ظریفی ملحوظ رکھی ہے یعنی اکثر اولاد ایک گھر میں اور روزی دوسرے گھر میں بھیجی جاتی ہے کبھی کبھی روٹیاں اور جوتیاں ایک ہی خاندان میں بھیجی جاتی ہیں۔ کبھی کبھی روٹی کے ساتھ دال بھی اتنا کھانے کے لیے نہیں جتنا بٹنے کے لیے!

آمد اور آورد کے سلسلہ میں سب سے پہلے آدم کو لے لیجیے جو صرف آمد کا ایک پھیر ہے۔ بالغ اور لاعقل مشرقیوں کا خیال ہے کہ آدم یا آدمی کی شانِ نزول "آورد" کے تحت آتی ہے مغرب کا دعویٰ ہے کہ حیوان نے ترقی کر کے انسان کا خلعت اختیار کیا اور دعویٰ کے بجائے ثبوت یہ ہے کہ انسان بالخصوص ہندوستان کا انسان ترقی کر کے حیوان بن جاتا ہے اب یہ اس کی قسمت ہے اگر حکومت کے ہاتھ لگ جائے تو بندر ہے نہرستان کے قبضے میں آجائے تو گائے ہے۔ وہ بھی اللہ میاں کی نہیں پنڈت مالوی کی۔

دیکھنا یہ ہے کہ حضرت انسان کی آمد کس طرح ہوتی ہے! اس کی ابتدا روزِ ازل سے بھی ہو سکتی ہے جس کے بارے میں کہا گیا ہے۔

حذرا اے پردگیاں پردہ درے پیدا شد!

لیکن یہاں اس سے بحث نہیں۔ بچے کی آمد بھی دو طرح کی ہوتی ہے آمد یا آورد۔ آمد تو کسی اندھیری بدبودار کوٹھری میں ہوتی ہے جس کو اور زیادہ ناقابلِ برداشت بنا دینے کے لیے گندی دائی رونے، شور مچانے والے بچے بچیاں ان سے زیادہ چیخنے والی بی اماں اور نانی اماں ہوتی ہیں جو کبھی کبھی پاس کے بچے بچیوں پر رفع یدین بھی کرتی جاتی ہیں۔ میلے کٹورے گلاس لوٹے اور سلفچی کا باہم ٹکراتے رہنا۔ بچوں کا رونا، عورتوں کا چیخنا کوسنا، بیوی کا کراہنا، شوہر کی بدحواسی، باہر کسی پڑوسی کا بندوق داغنا گویا کسی شکار کا جنگل میں ہنکوا ہو رہا ہے، اتنے میں مولودِ سعید برآمد ہوئے۔

دوسری طرف آورد ہے مفلس شوہر اور روشن خیال بیوی کے بچوں کی بالعموم کسی ہسپتال میں کھینچ تان یا قطع برید ہوتی ہے۔ مدتوں پہلے سے ہسپتال کی زیارت ہوتی

رہی ہے۔ ولادت سے ہفتوں قبل بیگم صاحبہ ہسپتال پہنچ جاتی ہیں۔ ان بیویوں کی حالت بھی ایک گونہ قابلِ رحم ہوتی ہے حمل، وضعِ حمل اور مکافاتِ حمل سب ہسپتال ہی میں پورے ہوتے ہیں۔ وضعِ حمل کا وقت آتا ہے تو سارے چھوٹے بڑے خوش حال تنگ دست دور اور نزدیک کے رشتے دار کسی دوسرے کمرے یا برآمدہ میں اس طور پر بیٹھے ہوتے ہیں گویا عدالتِ فوج داری میں مجرم کی حیثیت سے لائے گئے ہیں۔ پہلو بدلنے پر بھی آمادہ ہوئے تو لیڈی ڈاکٹر سے لے کر بھنگن تک اس طور پر ڈانٹتے ہیں جس طور پر عدالت کا چپراسی اس فریق کو پھٹکارتا ہے جس سے اس کو کچھ دستِ غیب نہ وصول ہو سکا ہو۔ بچے نے برآمد ہونے میں ذرا پس و پیش کی اور لیڈی ڈاکٹر نے کلوروفارم نشتر، چاقو اور دوسرے اقسام کے آلات سنبھالے اور مولودِ سعید "باہوتِ دگرے دست بدستِ دگرے" عالمِ ظہور میں لائے گئے۔ دوسری طرف تا برخاستِ کچہری قید رہ کر فریقین کو حکمِ رہائی ملا۔ ساتھ ہی ساتھ جرمانے کا بل بھی پیش کیا گیا جس کے مطالبات نے ننھے سے پہلے ننھے کے ابا کا عقیقہ کر دیا۔ شوہر کو ہدایت کی گئی کہ آئندہ وہ اس قسم کی کوئی حرکت نہ کرے جس سے اس طرح کی نوبت آئے۔ نیک چلنی کی آزمائش کے لیے لیڈی صاحبہ متبسم ہو گئیں، ثبوت میں شوہر صاحب مفلس۔ نانی اماں کو ہدایت کی گئی کہ وہ آئندہ روئیں کم اور صفائی زیادہ رکھیں۔

فرض کیجیے کسی قومی لیڈر کی آمد ہے۔ حکومت نے پولیس کو حکم دیا کہ لیڈر کی ہسٹری شیٹ کا مطالعہ شروع کر دیں۔ کچھ اہالیانِ شہر اور خفیہ پولیس نے استقبالیہ کمیٹی کی طرح ڈالی۔ بھوکے شریف اور شکم سیر انفار جن سے زیادہ خطرناک طبقہ کوئی اور نہیں ہوتا رضا کار بنے۔ جن لوگوں کو حکومت سے یہ شکایت تھی کہ وہ ان کی پرسش نہیں کرتی تھی یا ضرورت سے زیادہ ان کا خیال رکھتی تھی، مقروض رؤسا، مایوس اطبا، مفلوک الحال وکیل، دیوالیے مہاجن، فیل شدہ طلبہ اور ایسے لوگ جن کو عرش پر بھی بیگار نصیب ہو استقبالیہ کمیٹی کے ممبر بنے۔ پھاٹک کھڑے کیے گئے، ہار تیار ہوئے، گولے بنائے گئے، اڈریس لکھے جانے لگے۔ پولیس کو گالیاں دی جانے لگیں، کلکٹر صاحب نے باجلاسِ خطاب یافتگان دفعہ ۱۴۴ پر غور کرنا شروع کیا۔ شرفا نے گھر کے کواڑ بند کیے، پنڈال میں مجمع ہوا، اللہ اکبر، مہاتما گاندھی کی جے

شیطان کی آنت (مزاحیہ مضامین) 49 رشید احمد صدیقی

اور بھارت ماتا کی جے وغیرہ کے نعرے بلند کیے گئے اور لیڈر صاحب ہار پھول میں لدے قربانی کا بکرا بنے صدارت کی کرسی پر براجمان یا جلوہ افروز ہوئے۔ جو مرے تھے ان پر تعزیت کے اور جو زندہ تھے ان پر لعنت کے ووٹ پاس کیے گئے۔ خطبۂ صدارت میں اپنی اور اپنے منتخب کرنے والوں کی نالائقی پر اظہارِ تشکر کیا۔ اس کے بعد جو مسئلہ اٹھایا گیا اس میں حضرتِ آدم سے لے کر پنڈال تک کی کارروائیوں کا جائزہ لیا گیا اور قوم، نصب العین، ماحول، حکومت، تعلیم، افلاس اور اسی طرح کے دوسرے الفاظ جن کو مقرّروں اور اخبار نویسوں نے آرائشِ سخن کے طور پر رواج دے رکھا ہے، دہرائے جانے لگے۔

لیڈر نے حکومت، پولیس، قوم اور دوسرے لیڈروں کو صلواتیں سنائیں۔ مجمع نے تالیاں بجائیں، دعوتیں ہوئیں، سفر خرچ وصول کیا گیا۔ لیڈر صاحب رخصت ہوئے۔ شہر میں کچھ دنوں بعد بلوہ ہوا اور کیلوں کی عید آئی۔ جن کو چوٹ لگی یا جن سے پولیس کو چوٹ پہنچی تھی جیل خانہ بھیج دیے گئے!

مولوی یا پیر صاحبان بالعموم رمضان میں رخصتِ سفر درست کرتے ہیں۔ اس میں دو فائدے ہیں۔ ایک طرف روزہ کو شہ مات ہوئی، دوسری طرف سحری و افطار خیر خیرات حصے میں آئے۔ مریدوں اور عقیدت مندوں کے گھر صفِ ماتم بچھ جاتی ہے۔ بچّہ کا ختنہ، یا بسم اللہ، لڑکی کی شادی اور رخصتی، حمل و وضعِ حمل یا ان کا ردِّ عمل، مریض کی حیات و ممات سب اسی دن کے لیے ملتوی رکھے جاتے ہیں۔ مولوی صاحب نازل ہوئے۔ کسی کو اولادِ نرینہ عطا ہوتی ہے، کسی کو بہشت نصیب ہوتی ہے۔ کچھ ایسے بھی ہیں جن کو جہنّم کے لیے نامزد کیا جاتا ہے۔ بعضوں کی جائداد کے متولی بنتے ہیں۔ تعویذ لکھیں گے تو صرف مرغِ سفید کے خون سے تاکہ دسترخوان پر مرغِ مسلّم موجود ہو۔

گورنر یا وائسرائے کی آمد ہے۔ یہ آمد بھی آورد ہوتی ہے۔ ظاہر ہے یہ جہاں کہیں جاتے ہیں مدعو ہوتے ہیں لیکن یہ امر اب تک تصفیہ طلب ہے کہ ان کا مدعو کیا جانا ناگزیر ہے یا ان کا تشریف لانا لازمی ہے۔ کچھ ہی ہو ان کا ورودِ مسعود مفید ہے۔ ہندوستان کی میونسپلٹیاں صرف دو وقت اپنی زندگی یا اپنے کارآمد ہونے کا ثبوت دیتی ہیں۔ یا تو میونسپلٹی کے

کے کسی ممبر یا چیئرمین کے ہاں، فوتی' پیدائش' قسم کا کوئی واقعہ پیش آگیا ہو یا' حکام بالادست' کی آمد ہو۔ میونسپلٹی کی بیداری میونسپلٹی کی کوڑا گاڑی کا متحرک ہونا ہے، یہی دو مواقع ایسے ہیں جب یہ گاڑیاں حرکت میں آتی ہیں۔ اس کوڑا گاڑی کو صرف کوڑا کہنا زیادہ صحیح ہے۔ نیم جان بھینسے اور تنومند بھنگی کو بھی اس میں شمار کرنا چاہیے۔ کوڑا اکثر متحرک بھی دیکھا گیا ہے لیکن کوڑا گاڑی قائم بالذات رہتی ہے۔ آج تک کوئی گاڑی درست حالت میں نہیں پائی گئی۔ پانی چھڑکنے والی گاڑیوں کو دیکھ کر یہ کوڑا چھڑکنے والی گاڑیاں خود بخود معرض وجود میں آگئیں جہاں تک کوڑے کا تعلق ہے ان گاڑیوں کو یہ گوارا نہیں کہ کوڑے کا سارا سرمایہ ایک ہی مرکز پر جائے اس لیے وہ اُن کو ہر طرف تقسیم کرتی رہتی ہیں۔

اگر حکام کی آمد یا اربابِ بلدیہ (میونسپلٹی) کے ہاں تقریب نہ ہو تو یقیناً ساری بستی کسی وبا کی شکار ہو جائے۔ فرض کیجیے گورنر یا گورنر جنرل بہادر کہیں نزول اجلال فرمانے والے ہیں۔ غریب اور امیر دونوں متفکر ہوتے ہیں۔ غریب کو تو یہ فکر کہ کہیں صفائی کے سلسلے میں ان کے شکستہ مکانات یا ٹوٹی پھوٹی جھونپڑیاں سطحِ زمین سے نہ ملا دی جائیں۔ امیر کو یہ فکر کہ کس قسم کا خطاب کس قسم کے اخراجات کا مطالبہ کرتا ہے۔ پھر یہ سوچا جاتا ہے کہ کہاں تک خود ان کا اندوختہ اور کہاں تک رعایا اور کسانوں کی پونجی اس سودے کی متحمل ہو سکتی ہے۔ اگر دونوں راسیں بیٹھ گئیں تو فہو المراد، ورنہ قرض کی سبیل نکالی جاتی ہے۔ ان سب سے عہدہ برآ ہونے کے بعد مغرور اور مہنگے مہمان کو چائے، لنچ، ڈنر، رقص و سرود، افتتاحیات اور تاسیسیات کے سلسلے میں مدعو کیا جاتا ہے جوں جوں مقررہ ساعت قریب آتی جاتی ہے، ہنگامے بڑھنے لگتے ہیں، پولیس چپے چپے پر پھیل جاتی ہے۔ جو شخص کسی جرم کے سلسلے میں ماخوذ یا مشتبہ ہے اس کو تا مراجعتِ حاکم زیرِ نگرانی رکھا جاتا ہے۔ دن رات ایک کر دیے جاتے ہیں آرائش و زیبائش اور دھوم دھام پر روپیہ اس طرح صرف کیا جاتا ہے جس طور پر جوان اپنی جوانی یا طالب علم والدین کے روپیہ اڑاتا ہے۔ ان حکام کی آمد پر ہندوستانی رؤسا یا انجمنیں اور تعلیم گاہیں ایک سال میں جتنے روپے صرف کر دیتی ہیں ان کو بس انداز کر لیا جائے تو خیال ہے ایک سال میں کئی سوراج ہندوستان کے لیے حاصل کیے جا سکتے ہیں

اور یہ رقم حکومت کے ہاتھ لگ جائے تو اس کو ہندوستانی بجٹ کی اس رقم خطیر کی ضرورت باقی نہ رہے جو صوبہ سرحد کے نظم و نسق یا دوسرے سیاسی مصالح کے سلسلے میں صرف کرنے پڑتے ہیں۔ اور جس کا حساب دینے سے وہ اتنا ہی گھراتی ہے جتنا گھریلو شوہر اور بیویاں ایک دوسرے کا نام بتانے میں۔

ان حکام کا ہندوستانی ریاستوں میں ورود بظاہر ایک شاندار جلوس تقریب نشاط و کامرانی معلوم ہوتا ہے لیکن میزبان رؤسا پر جو کچھ گزر جاتی ہے، اس کا اندازہ بمشکل کیا جا سکتا ہے۔ وقت، عافیت اور روپیہ کا خسارہ تو درکنار لطف اس وقت آتا ہے جب ملک معظم کے جام صحت کے بعد معزز مہمان گل افشانی گفتار کرتا ہے ریاستیں اس پر تلی ہیں کہ ان کے اپنے اندرونی معاملات میں حکومت ہند کو دخل دینے کا حق نہ حاصل ہو اس کو وہ مساوات یا خود مختاری کے منافی سمجھتے ہیں دوسری طرف معزز نمائندگان حکومت کا اصول مہمانی یا حکمرانی یہ ہے کہ ان کو عیش اڑانے دو نہ چین سے رہنے دو۔ لیکن دوسری ریاستوں میں یہ اصول نافذ کرتے ہیں کہ کار ہوتا ہے یعنی عیش کیوں نہیں اڑاتے؟ فی الحال ان ریاستوں اور برطانوی حکومت کے درمیان وہی تعلقات ہیں جو ہندوستانی شوہر اور بیوی کے ہوتے ہیں حکومت ریاستوں کو وہی حیثیت دینی چاہتی ہے جو ہندوستانی شوہر اور ہندوستانی بیوی کی ہے۔ یعنی بیوی کا کام یہ ہے کہ وہ کھلائے پلائے اور خوش رکھے شوہر کا فریضہ یہ ہے کہ وہ بیوی کے مطالبات یا میلانات کو اپنے مقاصد سے بلند یا ان کا منافی نہ ہونے دے۔ لیکن اب ریاستیں روشن خیال بیویوں کی حیثیت حاصل کرنا چاہتی ہیں یعنی کھلاؤ پلاؤ اور آزاد رکھو اور ایک دوسرے کے مقاصد ایک دوسرے کی ذمہ داری پر چھوڑ دو اور ذمہ داری کسے کہتے ہیں اس میں تجسس نہ کرو۔

معزز مہمان آئے اور معزز مہمان چلے گئے میزبان نے دن گننے شروع کیے نوروز یا ملک معظم کی سال گرہ کا موقع آیا دونوں پر یاس و امید کی دھوپ چھاؤں پڑنی شروع ہوئی۔ دنیا کی بے ثباتی اور سب سے پہلے اپنی حماقت آنکھوں کے سامنے پھر جاتی ہے

خیال آتا ہے تارکِ موالات کیوں نہ ہوئے جو کچھ ضیافت میں صرف کیا تھا اس کو کسی بہتر کام میں کیوں نہ لگادیا۔ لڑکی کی شادی ہو سکتی تھی۔ مہاجن کا قرض بھی ہلکا کیا جا سکتا تھا۔ پچھلے سال وبا میں کیوں نہ چل بسے۔ غرض وہ تمام باتیں ایک ایک کر کے تازہ ہو جاتی ہیں جو شاید عالم نزع میں بھی ان کو یاد نہ آتیں۔ ایک اور قسم کی آمد ہے ایک بزرگ شکستہ حال شکستہ ترجھونپڑے میں اسی طرح کے بستر پر "ایک شہر آرزو" کے ساتھ "ایک زانوئے تامل" بنے بیٹھے ہیں۔ مضامین کی آمد ہے بیوی سردی کے مارے باورچی خانہ میں بیٹھی کانپ رہی ہے۔ ایک بچہ سینے سے لگا ہوا دودھ کھینچتے کھینچتے اور چیختے چیختے گود ہی میں سو گیا ہے دوسرا بیٹھا اونگھ رہا ہے۔ سب سے بڑی لڑکی دم بدم سرد ہونے والے چولھے کے منہ سے جا لگی ہے اور تیسرے بچے کو گلے سے لٹکائے ہوئے ہے اور آس پاس کا کام بچہ کو لیے ہوئے کھسک کھسک کر کرتی جاتی ہے کبھی کبھی خود اونگھ جاتی ہے کبھی ماں سے کہتی ہے اگر کہیے تو ایک لکڑی اور لگا دوں۔ سالن ٹھنڈا ہونے لگا ہے۔ ماں سمجھ جاتی ہے کہ یہ معصومانہ حسنِ طلب صرف بھوک اور سردی کی بنا پر ہے کچھ جواب نہیں دیتی لیکن لڑکی کو اس مادرانہ یاس انگیز شفقت سے دیکھنے لگتی ہے کہ لڑکی اپنے اندر استقلال اور شکر کی توانائی محسوس کرنے لگتی ہے، پھر کہتی ہے، سنیے وہ ابا میاں کھانسے ارے ننھے ابا میاں آئے ہیں تو ان کی گود میں بیٹھ کر کھانا کھائے گا۔ اماں دیگچی اتاریے میں برتن لاتی ہوں — اماں ان باتوں کو خوب سمجھتی ہے لیکن اس دفعہ زیادہ واضح طور پر لڑکی کی تالیف قلب کرتی ہے۔ اچھا بی بی تم بچوں کو سلا لو۔ میں ذرا پہلو بدل لوں اور وضو بھی کر لوں۔ لڑکی ہر کام کے لیے مستعدی سے آمادہ ہو جاتی ہے اور باوجود اس کے کہ ماں عمداً ہر کام میں سستی کرتی ہے لڑکی تمام فرائض سے سبک دوش ہو جاتی ہے۔ ماں کو تقریباً خاموش اور مایوس دیکھ کر کہتی ہے ابا کو بلا لاؤں۔ ماں کہتی ہے بیٹی ان کے کام میں مخل نہ ہو ان کی طبیعت اچھی نہیں۔ بلاؤ گی تو ان کو تکلیف ہوگی اور ہاں بیٹی تم کچھ کھا لو۔ میں نماز پڑھ کر تم کو کھانے میں شریک کروں گی۔ لڑکی کہتی ہے نہیں بھوک نہیں ہے۔ میں ابا میاں کا انتظار کروں گی۔ اور ہاں اماں ابا جان کیسی شکر قند لائے تھے آپ نے اس دن کیسی نفیس کڑھی تیار کی تھی، اس دن ہم سب . . . کی شادی میں کیسے اچھے اچھے کپڑے پہن کر گئے تھے،

احمد کا کوٹ صابرہ کو کیسا ٹھیک آیا تھا۔ ماں ہوں ہاں کرتی جاتی ہے۔ چراغ کی روشنی مدھم ہونے لگتی ہے۔ انگا دکا سلگتے ہوئے کوئلے بھی راکھ میں تبدیل ہونے لگتے ہیں۔ جلتے ہوئے انگارے سے راکھ جھڑ جاتی ہے تو ایک لمحے کے لیے چولھے کی خاکستری فضا بیدار سی ہو جاتی ہے۔ ماں سوچتی ہے آج تمام دن آفتاب نہیں نکلا۔ بچوں کا بستر بالکل نہیں سوکھ سکا ہے۔ ان کو شب میں کیسی سردی لگے گی۔ صبح بچوں کا ناشتہ کیا ہوگا۔ دھوبی کپڑے نہیں لایا۔ کل جمعہ کو کپڑے کیوں کر بدلے جائیں گے؟

دوسری طرف اس کی کچھ خبر نہیں ہے۔ اس گھر کے مالک (شاعر) مراقبے میں ہیں فضائے تخیل میں معلوم نہیں کہاں کہاں پرواز کر رہے ہیں۔ کبھی صحرائے نجد میں "عرسِ مجنوں" منا رہے ہیں، کبھی نپولین اور صلاح الدین کے ہمدوش سرگرم کارزار ہیں۔ کہیں کارنیگی اور فورڈ کی دولت کو ٹھکرا رہے ہیں، کبھی آستانۂ محبوب پر دعائیں "صرفِ درباں" کر رہے ہیں۔ ایک طرف "پریوں کی محفل" ہے ان سب سے دل کو بچائے ہوئے معلوم نہیں دیووں کے دنگل میں لیے جا رہے ہیں یا کسی خیراتی ہسپتال میں! کبھی رازی، ہیگل، برگساں اور رومی سب کو پھلانگتے ہوئے "علم سے بھی پرے" پہنچ جاتے ہیں جہاں ان کی "آہِ آتشیں سے بالِ عنقا" خطرے میں پڑ جاتا ہے۔ کبھی پٹ گلیڈسٹون میٹرنخ کے مقبرہ کو ٹھکراتے ہوئے لائڈ جارج وبرکن ہڈ کو کہنی مارتے ہوئے مس میوسے بغلگیر ہو جاتے ہیں۔ ہندوستان سے گزرتے ہیں تو شدھی سنگٹھن سب پر لات مارتے ہوئے لکشمی کاٹن مل کی دھجیاں بکھیرتے چھوٹا نانی سا ملز پر جا کر دم لیتے ہیں۔ خالی دماغ اور خالی شکم میں خیالات کا وہ ہجوم ہو رہا ہے جیسے کسی تھرڈ کلاس میں یاتری بھر دیے گئے ہیں۔ کبھی لیلیٰ، عذرا، کلوپیٹرا، دمنیتی، ان کی نگاہ کرم کی متمنی کھڑی ہیں۔ اور یہ آنکھ اٹھا کر نہیں دیکھتے لیکن تھوڑے ہی عرصہ میں یعنی جب تک کہ ان کا لپٹا ہوا بستر کھلا، دیکھیے تو سر زیر بارِ منتِ درباں کیے ہوئے پڑے ہیں، "منہ گئیں کھولتے ہی کھولتے آنکھیں غالب"، ملک الموت سے آنکھ مچولی کر رہے ہیں۔ کبھی غالب کے اس شعر

جانفزا ہے بادہ جس کے ہاتھ میں جام آگیا
سب لکیریں ہاتھ کی گویا رگِ جاں ہوگئیں !

کو پڑھتے ہیں اور غالب کے قومی شاعر ہونے پر وجد کرتے ہیں اور بالآخر :

کر دیا ضعف نے عاجز غالبؔ !
ننگِ پیری ہے جوانی میری !!

کا مصداق بن جاتے ہیں.

مغالطہ

نان کوآپریشن کے مانند مغالطہ بھی ایک ذہنی کیفیت ہے۔ ممکن ہے یہی سبب ہو کہ نان کوآپریشن اور مغالطہ دونوں اب تک کسی منطقی تعریف کے نہ متحمل ہوئے نہ محتاج! جس طور پر نان کوآپریشن کے مختلف خفی اور جلی پہلو ہوتے ہیں، مغالطہ بھی مختلف النوع اور مختلف الجہات ہوتا ہے۔

کہا جاتا ہے کہ خالی دماغ شیطان کا کارخانہ بن جاتا ہے۔ یہ ایک غلط فہمی ہے جسے مرورِ ایام نے دلچسپ بنا دیا ہے۔ یہ صحیح نہیں ہے کہ جب دماغ خالی ہوتا ہے تو اس میں شیطانی وسوسے سما جاتے ہیں۔ وسوسوں کا تعلق تو شکم سے ہے۔ معدہ خالی ہو یا بھرا، وسوسے دماغ کی طرف صعود کرتے رہتے ہیں۔ اسی لیے ہر بھلے مانس کو شکم سیر انفار اور بھوکے اشراف سے بچتے رہنے کا مشورہ دیا گیا ہے۔ یہی وسوسے کبھی انجرہ کبھی ریاح کبھی مزدور اور کبھی سرمایہ دار کی صورت میں ایسی حکومتوں کو بالخصوص جن کا قیام قانون اور امن کے تحت عمل میں آیا ہو، ستاتے رہتے ہیں۔ حکومت کا سر ریاح اور روشن دماغ ادویات سے ان کا مداوا کرتی رہتی ہے مگر ایک پیش نہیں جاتی چنانچہ

نوبت یہاں تک پہنچ گئی کہ قدیم الایّام سے اب تک جو ضرب المثل صحیح چلی آتی تھی وہ مجروح ہوگئی ہے۔ یعنی رعایا کو اسی قسم کی حکومت ملتی ہے جس کی وہ مستحق ہوتی ہے۔ اب ہونے یہ لگا ہے کہ حکومت کو اسی قسم کی رعایا ملتی ہے جس کی وہ سزاوار ہوتی ہے۔

مغالطہ کی تحقیق میں میرے پاس وہی مواد موجود ہے جو سودا کو اپنے گھوڑے کے سلسلے میں دستیاب ہوا تھا۔ فرق یہ ہے کہ ان کے گھوڑے پر شیطان سوار ہوکر جنت سے نکلا تھا اور میری تحقیقات یہ ہے کہ مغالطہ خود شیطان پر سوار ہوکر دنیا میں آیا۔ یہ وہی موقع تھا جب فرشتوں کو حکم دیا گیا کہ وہ آدم کو سجدہ کریں۔ ابلیس کو خاکی اور آتشی کا مغالطہ لگا اور فرشتوں کی جماعت سے نکل کر خدا جانے کہاں کہاں بھٹکتا رہا۔ بالآخر ہندستان آگیا۔ ناخواندہ مہمان کی آمد پر سخت احتجاج کیا گیا یعنی ،شیطان چلے جاؤ، شیطان چلے جاؤ، لیکن ان کے استقلال میں فرق نہ آیا اور از آدم تا ایندم موجود ہیں اور اب وہ خود طرح طرح کے عناصر کو چلے آنے یا چلے جانے کی دعوت دیا کرتے ہیں!

یہ تو شیطان کا تاریخی پہلو تھا لیکن اس کا نفسیاتی پہلو بھی دلچسپی سے خالی نہیں۔ مشیّتِ الٰہی نے عالم کو پیدا کیا تو یہ ضروری ہوا کہ اس نیرنگ خانہ کو ایسی حیثیت دی جائے جس میں ایک طرف مبدءِ اعلیٰ کا عظیم وعسیرالفہم لاہوتی تصوّر قائم رہے دوسری طرف ناسوت کی گریز پا اور رنگین آویزشیں اور لغزشیں بھی کارفرما ہیں۔ انسان کو اگر صرف انسان ہی بنانا یا رکھنا مقصود ہوتا تو ملائک غیر ضروری ہوجاتے اس لیے انسانوں کی جماعت میں غیر سرکاری عنصر راہرمن، کا اضافہ کیا گیا۔ ابلیس وہاں کے نکالے ہوؤں میں تھا اس کو بڑی دور کی نسبت تھی۔ وہ لاہوتی حقیقتوں کو ناسوتی کرشموں میں بے نقاب کرنے لگا۔ وہ انسان کے کمزور پہلو کو اپنے کمزور بچّے کی مانند زیادہ عزیز رکھتا ہے لیکن اس کا قائل نہیں ہر محض اس لیے کہ وہ قائل ہونا گوارا نہیں کرتا۔ اس کو یہ بھی معلوم تھا کہ زنجیر کی استواری کا مدار زنجیر کے سب سے کمزور حلقے پر ہوتا ہے اس لیے ذہن ودماغ سے بہتر میدان اس کی جولانگاہ کے لیے نہیں ہوسکتا تھا۔

یہاں تک مغالطہ یا شیطنت کا ایک طائرانہ یا شترانہ جائزہ تھا۔ اب دیکھنا یہ ہے

کہ دنیائے عمل میں اس نے کیسے گل کھلائے ہیں. مغالطہ ایک طرح کی گمراہی ہے جس میں مبتلا ہو کر انسان کچھ ایسا محسوس کرنے لگتا ہے یا محسوس کرنے کی کوشش کرتا ہے کہ اس صفت میں ساری دنیا فرطِ رشک ورقابت سے جل کر تباہ ہو جائے گی یا اسے تباہ ہو جانا چاہیے۔ اگر اس کے پاس دولت ہے تو وہ یہ سمجھتا ہے کہ اس نعمت سے بہرہ مند دنیا میں اب تک وہی رہا ہے۔ یہی نہیں بلکہ جو لوگ اس سے محروم ہیں وہ اس کے قدموں پر گریں گے یا وہ خود کلکٹر کے قدموں پر گر کر ان کو جیل خانے بھجوا دے گا. لطف یہ ہے کہ دونوں قدموں پر گرتے ہیں اور دونوں کامیابی سے دور رہتے ہیں. ایک اس فعل کو اس لیے اختیار کرتا ہے کہ اپنے پاؤں پر کھڑے ہونے کی طاقت نہیں ہوتی دوسرا اس لیے کرتا ہے کہ اس کے بازوؤں میں سکت نہیں ہوتی۔

دولت کا مغالطہ عجیب وغریب ہے. دولت مند اپنے آپ کو سب سے زیادہ طاقت ور، عقل مند، قوم پرست، طرفہ یہ کہ سب سے زیادہ معقول بھی سمجھتا ہے. کبھی بحیثیت مجموعی کبھی علیحدہ علیحدہ۔

اس کے نزدیک یہ تمام سعادتیں نبک سسٹم پر قائم ہیں. ہر مد میں کچھ رقم جمع کر دی جس کی آمدنی سے ان میں اضافہ ہوتا رہتا ہے۔ اس کا خیال ہے کہ دنیا کی عظیم ہستیاں نیز اراکینِ مسلم یونیورسٹی کمیشن کے مورثِ اعلیٰ بنک میں اتنی دولت جمع کر گئے تھے کہ ساری سعادت اور شہرت ان کو بطور سود ملتی رہتی ہے. حالانکہ خود اسے جو نام نہاد اہمیت حاصل ہے اس کی تحقیق اپنے نظریہ کے مطابق کرنے سے گریز کرتا ہے اور کوئی دوسرا اسی نیک کام کے لیے اپنی خدمات پیش کرے تو بگڑتا ہے اور عدالتی چارہ جوئی کی دھمکی دیتا ہے. لیکن کوئی دوسرا عدالتی چارہ جوئی پر آمادہ ہو جائے تو اس سے ہر قیمت پر صلح کر لیتا ہے۔

وہ دولت کا غلام بن کر غیر دولت مندوں پر حکومت کرنا چاہتا ہے، اور ہندوستانیوں کے مانند اس کا قائل ہونا پسند نہیں کرتا کہ غلامی اور برتری دو متضاد باتیں ہیں وہ ڈومینین سٹیٹس یا سوراج ملک معظم کی سال گرہ کے موقع پر حاصل کرنا چاہتا ہے. اور یہی اس کے مغالطے کا مضحک پہلو ہے. وہ جتنا جاہل ہوگا اتنا ہی عالموں سے علم وفضل کی باتیں کرے گا. اور وہ بھی

اس طور پر گویا اس کے مخاطب ان جواہر پاروں سے اتنا ہی ناآشنا تھے جتنا مس میو ہندوستان سے جیسے وہ خود ان فنون کا امام رہ چکا ہے لیکن بر بنائے ایثار دوسروں کے لیے ترک کر چکا ہے۔ اس فرقہ میں ایسے بھی ملیں گے جو علم و ادب کے اکابر سے اس فروتنی اور فتادگی سے پیش آئیں گے گویا مخاطب کو نعوذ باللہ۔ کلکٹر صاحب، سمجھتے ہیں مثلاً میں تو آپ کی خاک پا کے برابر بھی نہیں ہوں، آپ کا فرمانا سر آنکھوں پر، بے شک لاریب آپ ملک و قوم کے لیے باعث فخر ہیں۔ آپ کے طفیل خدا قوم پر رحم کرے "مسلمانی در کتاب و مسلمانان در گور" وغیرہ اور یہ سب اس لیے کہ وہ آپ کو احمق سمجھتا ہے۔ کبھی کبھی اس لیے بھی کہ دنیا یہ سمجھ لے کہ وہ علم و فن کا مربی اور سرپرست ہے اور اکبر و بکرماجیت کے عہد کو از سر نو زندہ کرنے کے لیے اتنا ہی مضطرب ہے جتنا مہا سبھا اور جمعیۃ العلماء ہندوستان کو حکومت خود اختیاری دلانے کے لیے دست بدعا یا دست و گریباں ہیں۔ آپ سے اس کا کام نکلتا ہوگا تو وہ آپ پر یہ ثابت کرنے کی کوشش کرے گا کہ آپ بیک وقت اس کے بھائی، باپ یا لڑکے اور کلکٹر صاحب تو نہیں کلکٹر صاحب کے چپراسی یا پیشکار ہیں اور آپ بھی باوجود اس کے کہ صرف ایک کثیر الاولاد بے روزگار مقروض ہندوستانی شوہر ہیں تھوڑی دیر کے لیے اس مغالطہ میں پڑ جائیں گے کہ جو کچھ کہا جا رہا ہے ممکن ہے وہ صحیح ہو!

جس طور پر حکومت ہند کو آئی سی ایس نے مغالطہ میں مبتلا کر رکھا ہے اسی طور پر۔۔ طبقۂ رؤسا کو مصاحبین اور متوسلین نے گمراہ کر رکھا ہے۔ حکومت ہند نے آئی سی ایس کو اپنا ہاتھ پاؤں نہیں بلکہ عقل و دماغ قرار دے دیا ہے۔ دوسری طرف رؤسا کے مصاحبین ہیں جو ان کے ہاتھ پاؤں ہیں، یہ عام طور پر جاہل لیکن خصوصیت کے ساتھ عقل مند ہوتے ہیں اور چونکہ اپنی بعض نہایت قیمتی متاع رؤسا کے ہاتھوں فروخت کر چکے ہوتے ہیں اس لیے ان کا معاوضہ بھی اسی دلیری اور سفاکی سے لیتے ہیں، ان مصاحبوں کی وفاداری اور ذہانت کا ان کی سرکار پر ایسا اثر ہوتا ہے کہ وہ کبھی یہ سوچ نہیں سکتا کہ اس دنیا میں بعض چیزیں ایسی بھی ہیں جو اس کے اور اس کے لواحقین سے زیادہ قابل لحاظ ہیں۔ یہ مشیر و مصاحب اکثر تیسرے درجہ کے لوگ ہوتے ہیں۔ لیکن مصاحبوں کے بھی مدارج ہوتے ہیں۔ واجد علی شاہ اور اکبر دونوں

شیطان کی آنت (مزاحیہ مضامین) 59 رشید احمد صدیقی

مصاحبوں کے گروہ کیے ہوئے تھے لیکن ایک "رنگیلے" کے نام سے یاد کیے جاتے ہیں دوسرے "اللہ اکبر"!

بعض کو یہ خیال پیدا ہو جاتا ہے کہ ان کا وجود دنیا کے لیے ناگزیر ہے. کوئی پوچھے کہ اس بیسویں صدی میں کتنے ہیں جو خود خدا کے ناگزیر ہونے کے قائل ہیں. خدا کو جانے دیجیے کتنے ہیں جو ہندوستان کے امن و ترقی کے لیے حکومتِ برطانیہ کو ناگزیر سمجھتے ہیں! حالانکہ حکومتِ برطانیہ کے پاس دفعہ ۱۴۴ سے لے کر سر مائیکل اوڈائر تک موجود ہیں.

میرے دو ایسے کرم فرما ہیں جو اس پر یقین رکھتے ہیں کہ اگر وہ اپنی جگہ سے ہٹا یا دنیا سے اٹھا لیے گئے تو نظامِ شمسی درہم برہم ہو جائے گا. ایک تو "مخدومہ" ہیں جو میرے یہاں کھانا پکاتی ہیں اور ہر اُس چیز کو میرے گھر کے لیے غیر ضروری سمجھتی ہیں جو گھر والوں کی نظر سے اوجھل اور نقل و حمل کی متحمل ہو. ان کو کسی نے یقین دلا دیا ہے کہ ہر دانے پر ہر شخص کا نام لکھا ہوتا ہے اور وہ اس کے حصہ میں آ کر رہتا ہے. اس بنا پر ان کا مسلک ایک طور پر وہی ہے جو بعض صوفیا کا ہے یہ "ہمہ از اوست" کے بجائے "ہمہ برائے ماست" کی قائل ہیں. ان کا خیال ہے کہ جس روز انھوں نے ہم کو اپنی خدمات سے سبکدوش کر دیا اسی دن ہم پر کمیشن بیٹھ جائے گا یا ہم دنیا سے اٹھا لیے جائیں گے. ہر شخص کے بارے میں ایک رائے رکھتی ہیں. ان کا خیال ہے کہ مسلم یونیورسٹی کی زبونی کا سبب یہ ہے کہ لوگ بیویاں رکھنے کے عادی ہیں بلکہ جس قدر بیوی پر اعتماد کرتے ہیں اتنا ان پر نہیں کرتے. چنانچہ بڑی بیزاری و برہمی کے ساتھ لکڑی پھونکتی ہیں اور میں کسی محفوظ مقام پر بیٹھا ڈرتا رہتا ہوں کہ لکڑی کے ساتھ یہ کہیں بیوی بچے کو چولہے میں نہ جھونک دیں. کبھی کبھی یہ قطعِ تعلق کا اعلان کر دیتی ہیں. اس وقت ہم کو اپنی حالت پر ترس آ جاتا ہے اور اس اندیشے سے کہ کہیں دوسرا ان سے بھی زیادہ "مہربان" نہ ملے فوراً ایک جلسۂ خاص منعقد کیا جاتا ہے جس میں ان کی خدمات و احسانات کا اعتراف کرتا ہوں. بیوی "شیم شیم" اور بچے "ہیر ہیر" (جن کا اخباری ترجمہ "شرم شرم" اور "سنو سنو" ہے) کرتے ہیں اور ایک بار پھر ہم ان کو اپنے آپ پر مسلط کر لیتے ہیں.

سرسید کی بدنصیبی تھی اور ہماری اب بھی ہے کہ یہ سرسید کے عہد میں تھیں.

ان کو سرسید کا اتنا شدید مغالطہ ہے کہ ہر بات پر سرسید یا ان کے عہد کا حوالہ دیتی ہیں اور چوں کہ ہم پیدائش کے اعتبار سے مسلمان اور پیشہ کی حیثیت سے قبر پرست واقع ہوئے ہیں، اس لیے سرسید کا نام مخدومہ کی زبان سے سن کر خائف وخفیف ہوتے رہتے ہیں۔ چیزیں چرانے اور لکڑی پھونکنے کے علاوہ ان کا فرصت کا لمحہ سرسید کی خطبہ خوانی میں صرف ہوتا ہے۔ ایک دن عرض کیا بڑی بی ان دنوں کمیشن آیا ہوا ہے ہم لوگ فوجداری سپرد ہیں کچھ دعا کرو، کہنے لگیں میاں سرسید کے مزار پر چراغ جلاؤ اور پھول چڑھاؤ، بیویوں سے کہو غریب محتاجوں کو ستائیں نہیں۔ ان کے کاموں میں عیب نہ نکالیں۔ سرسید کی برسی میں ایک سال چراغ چڑھانے اور طاق بھرنے نہیں گئی تھی، میری بچی کے چیچک نکل آئی، میاں جب سے کان پکڑا، ہر سال برسی پر مزار جاتی ہوں اور ایک پاؤں پر کھڑی ہوکر دعا مانگتی ہوں کہ کالج کے لڑکے بڑے اچھے ہیں، بیویاں البتہ بہت ستاتی ہیں، ان کو کوئی خواب دکھاؤ، میں تو ان کو ایک دن میں ٹھیک کرلوں لیکن یہ تمہارا ڈائننگ ہال ٹھیک نہیں ہونے دیتا۔ کھانا پکانا بند کردوں تو سب ڈائننگ ہال سے بریانی کھانے لگتے ہیں۔ میں نے عرض کیا یہ تو سب رہا لکڑی چولھے سے کھینچ لو بے کار جل رہی ہے کہنے لگیں میاں سرسید کے زمانے میں ایسا ہی ہوتا تھا، بیوی نے کہا آج کھانا پکنے میں دیر ہوئی ذرا جلدی کرو۔ فرمایا کہہ لو بیوی کہہ لو سرسید کا زمانہ ہوتا تو بتاتی۔ غرض سرسید، ان کا عہد اور ان کے کارنامے اس درجہ ان پر مسلط ہیں اور بات بات پر مرحوم کو اس کثرت سے یاد کرتی ہیں اور یاد دلاتی رہتی ہیں کہ کبھی کبھی یہ جی چاہنے لگتا ہے کہ موقع ملے، سرسید اجازت دیں اور بیوی مانع نہ ہوں تو بڑی بی کے ساتھ سرسید ہی کے مزار میں سما جاؤں۔

میرے دوست ابھی جیل خانہ سے واپس آئے ہیں۔ نان کوآپریشن کی تعبیر میں ان سے اور ضلع کے کلکٹر سے اختلاف آراء ہوا۔ اس نے ایسا طول پکڑا کہ جیل خانہ جانا پڑا۔ فی الحال ان کا عقیدہ یہ ہے کہ ان سے اور ان کے خاندان سے زیادہ دنیا میں نام ونمود پیدا کرنے کا کوئی اور اہل نہیں ہے۔ جب کبھی اس قسم کا تذکرہ آئے گا کہ فلاں شخص نہایت قابل، منتظم، خوبرو یا پرہیزگار ہے۔ تو وہ یہ فرمائیں گے کہ ان کو یا ان کے کسی عزیز یا رشتہ دار

کو اس قسم کے ناروا ذرائع اور وسائل حاصل نہیں ہوئے ورنہ کوئی وجہ نہ تھی کہ یہ بااان کے عزیز اس پایہ کے نہ ہوتے۔

ایک مرتبہ کارنیگی راک فیلر کا تذکرہ آیا. فرمانے لگے میرے پاس اتنا روپیہ ہو اتنی سہولیتیں نصیب ہوں تو کیا میں کارنیگی اور راک فیلر نہیں بن سکتا. مصطفیٰ کمال کو دیکھو اسلام سے برگشتہ اور بیزار ہو کر اتنی شہرت حاصل کر لی تو کیا ہوا مجھے دیکھو.

منکرِ بودن و ہمرنگ مستاں زیستن!

ایک مرتبہ ذکر چھڑا کہ یورپین عورتیں بڑی محنتی اور منتظم ہوتی ہیں. فرمانے لگے یوں نہ کہیے گا پروپیگنڈا کرتا ہوں لیکن یقین مانیے جفاکشی کے ان امور میں میری بیوی کو کمال حاصل ہے. یہ اس کی بدنصیبی تھی کہ میرے حصہ میں آئی ورنہ اگر کہیں یورپ میں پیدا ہوئی ہوتی اور کمبخت پردہ وغیرہ کی پابند نہ ہوتی تو لطیفہ خانم اور ملکہ ثریا کا کوئی نام نہ لیتا. میری خود یہ حالت ہے کہ ان کے سامنے بالکل سہما ہوا رہتا ہوں. یہ انہیں کی تعلیم و تربیت کا اثر ہے کہ میرے بچے صحت اور ذہانت میں اپنا نظیر نہیں رکھتے. چھوٹے کو آپ نے دیکھا ہوگا اس کی ذہانت کا خیال کرتا ہوں تو دنگ رہ جاتا ہوں. ایک دن تو اس نے مجھ کو بالکل متحیر کر دیا میں اندر سبھا پڑھ رہا تھا راجہ اندر کی تصویر دیکھ کر کہنے لگا کیوں ابا یہ آپ کی تصویر ہے نا. اتفاق سے وہ بھی بیٹھی ہوئی تھیں بول اٹھیں کیوں بے. یہ تیرے ابا ہیں تو کیا یہ ساری تطامہ جو ارد گرد کھڑی ہیں وہ تیری نانی ہیں!

قابلیت کا ذکر آیا تو فرمانے لگے میرا بھتیجا آئیڈیل طالب علم ہے. کل کلب میں میری زبان سے اس کا نام نکل گیا سب لوگ تعجب اور فخر سے دریافت کرنے لگے کیوں صاحب وہ آپ کا بھتیجا ہے. ایک صاحب نے فرمایا آپ اس کو ولایت کیوں نہیں بھیج دیتے. دوسرا بولا اس کو کیوں نہیں بتلاتے. تیسرے بزرگ دریافت فرمانے لگے کیوں صاحب ان کی شادی ہوئی ہے یا نہیں؟

میرے دوست کوئی ایسی چیز پسند نہیں کرتے جو ان کے پاس نہ ہو بلکہ دوسروں کی ملک ہو. آپ نہایت اچھا کپڑا پہن کر جائیے وہ کہیں گے سلا اچھا نہیں، رنگ بھی یونہی سا

ہے میری شیروانی تو دیکھی ہوگی۔ ایک دن پہن کر نکلا تو خلقت عش عش کرنے لگی۔ آپ کا مکان اچھا ہے لیکن کچھ تاریک سا ہے میرے مکان کو دیکھیے اکثر رات کو صحن میں نکل کر دیکھا ہے تمام درودیوار روشن اور شگفتہ نظر آئے آپ کے گھر پر تو بالکل سناٹا چھایا ہوا تھا۔

غرض آپ کوئی تذکرہ کریں یہ اپنا اپنے بیوی بچوں یا عزیزوں کا پروپیگنڈا کیے بغیر نہ رہیں گے۔ جیل خانہ میں اس عادت کو انھوں نے بالکل ترک کر دیا تھا کیوں کہ قیدیوں کے جرائم سن کر اکثر اپنے قبیلے کے کارناموں کا خطبہ پڑھنا شروع کر دیا تھا۔ پولیس نے تحقیقات شروع کر دی بالآخر ایک دن اعزا ملنے آئے اور تاکید کر دی کہ وہ اس طرح ساتھیوں کو مرعوب کرنے کی کوشش نہ فرمایا کریں ورنہ ایک دن ایسا آئے گا کہ سارے رشتے دار جیل خانہ پہنچ جائیں گے۔

ڈپٹی کلکٹر کو گورنمنٹ سے وہی نسبت ہے جو کنگارو کو اپنے بچّہ کے ساتھ ہوتی ہے۔ جس طور پر کنگارو کا بچّہ خطرے کی آہٹ پاکر ماں کی جھونج میں جا بیٹھتا ہے۔ ڈپٹی کلکٹر بھی حکومت کی جھونج میں پناہ لیتا ہے لیکن خطرے کا سامنا نہ ہو تو ڈپٹی کلکٹر نہ کسی کی نیاز مندی کو خطرہ میں لائے گا نہ کسی کی ناموس کو صرف اپنا نفع دیکھے گا! ڈپٹی کلکٹر مغالطے کے اعتبار سے کئی قسم کا ہوتا ہے مثلاً مادر زاد ڈپٹی کلکٹر، چوبیس گھنٹہ ڈپٹی کلکٹر، پیشہ ور ڈپٹی کلکٹر وغیرہ۔ ڈپٹی کلکٹر تنہا نہیں ہوتا بلکہ ایک ڈپٹی کلکٹر کے معنی بے شمار ڈپٹی کلکٹروں کے ہیں اس کے دوست رشتے دار چپراسی خانساماں بھنگی، بھشتی سب کے سب ڈپٹی ہوتے ہیں۔ ڈپٹی کلکٹری کی تاریخ میں بعض ابتدائی نسلیں ایسی ملتی ہیں جو اب بعض جانوروں کی مانند یا تو ناپید ہوگئی ہیں یا خال خال کہیں نظر آجاتی ہیں۔

کسی زمانے میں ایک ڈپٹی فتح علی خاں تھے شکل صورت ڈیل ڈول رعب داب میں لندھور بن سعدان یا رحمت اللہ رعد کی بڑی جنتری اور اس کی بعض تصاویر یاد ہوں تو ان کا کچھ اندازہ ہو سکتا ہے۔ وہ صرف سزا دیتے تھے اور شبہہ کا فائدہ اگر کبھی کسی نے اٹھایا تو وہ ملزم نہیں بلکہ اس کے وکیل مختار ہوتے تھے اور یہی سبب تھا کہ وکیل مختار موکل سے

زیادہ اپنی خیر مناتے رہتے۔ ڈپٹی صاحب کا تعزیراتِ ہند کا یہ تصور تھا کہ اس کا مقصد صرف لوگوں کو سزا دینا تھا۔ رہا شبہ یا عدمِ ثبوت اسے وہ وکیلوں کا فریب یا حاکم عدالت کی کمزوری یا عدم قابلیت پر محمول فرماتے تھے۔ ان کی عدالت میں مقدمے کا سزایاب ہونا یقینی ہوتا۔ ان کا کام ہی سزا دینا یا فرصت کے لمحات میں یادِ الٰہی میں مصروف رہنا تھا لیکن عدالت میں خدا کا اور عبادت میں عباد کا لحاظ نہیں رکھتے تھے۔ ڈپٹی صاحب سے ہر شخص ڈرتا تھا۔ بیوی اور بیوی کے گھر والے بھی! خدا جانے کب سے زندہ تھے اور خدا ہی جانے کب تک زندہ رہنے کا قصد رکھتے تھے۔ ان کے نزدیک ہر شخص جھوٹا تھا اور زدوکوب اور سب و شتم کا سزاوار اس میں بیوی بچے پیش کار وکیل مختار مدعی ملزم کسی کی تخصیص نہ تھی۔

ڈپٹی صاحب دورے پر تھے، بابو گنیشی لال پرانے زمانے کے مختار وکیل، ایڈووکیٹ بیرسٹر سب ہی کچھ تھے، نہایت طرار، حکام رس، حاضر جواب، وقت پڑے شاعری بھی کر لیتے تھے۔ کسی مقدمے کی پیروی میں کیمپ کے ساتھ تھے اور خانساماں وغیرہ کے ساتھ بیٹھے حقے کے دو چار کش لے رہے تھے۔ قضارا رفعِ حاجت کی ضرورت محسوس ہوئی ایک طرف بیت الخلا تھا لوٹا لیے بدحواسی کے ساتھ داخل ہوئے وہاں جو دیکھتے ہیں ڈپٹی فتح علی خاں جلوہ افروز ہیں

تو گوئی ہمہ تخت سہراب بود!

لوٹا فوراً زمین پر رکھ دیا، جھک کر سلام کیا، پھر جو فرار ہوئے تو کہا جاتا ہے جب تک ڈپٹی فتح علی صاحب اس ضلع میں رہے بابو گنیشی لال کو کسی نے عدالت میں نہیں دیکھا۔

چوبیس گھنٹہ ڈپٹی کلکٹر کی علامت یہ ہے کہ وہ تنگ سوٹ میں ملبوس ہوگا اور سستے قسم کا سگریٹ کثرت سے پیے گا اور ٹھیک اس وقت جب انگریزی بولنا ضروری ہو وہ غلط اردو بولے گا اور جہاں اردو بولنا مناسب ہو وہ غلط انگریزی شروع کر دے گا۔ زین کے کوٹ پتلون سے اسے خاص الفت ہوتی ہے۔ بالعموم شرعی پتلون پہنے گا یعنی ٹخنوں سے کافی اونچا۔ چھوٹا جوتا۔ گھٹیا۔ کوٹ ہمیشہ تنگ ہوگا۔ گو دیدہ و دانستہ کبھی ایسا کوٹ تیار نہیں کراتا لیکن تن و توش کے بڑھانے میں اس کا ڈپٹی ہونا نادانستہ اور نامعلوم طور پر ہمیشہ معین ہوتا رہتا ہے۔

ڈپٹی کو میل ملاقات کے لیے ڈپٹی ہی کی ضرورت محسوس ہوتی ہے' دوسروں کی صحبت میں یا تو وہ اپنے آپ کو بے وقوف ورنہ برتر سمجھتا ہے لیکن نتیجہ یکساں ہوتا ہے یعنی وہ رہتا بالکل ڈپٹی ہی ہے آپ اس سے ملیں آپ کے سلام پیام' مزاج پرسی' اور اس قسم کے دوسرے تکلفات کو سن کر کچھ اس طرح کا رنگ اختیار کرے گا جیسے یہ سب کچھ غیر متعلق باتیں تھیں، پھر وہ ایسا کھویا کھویا نظر آنے لگے گا جیسے جلد سے جلد آپ سے نجات پانے اور کسی دوسرے ڈپٹی کا منتظر ہو!

سواری میں عام طور سے بائیسکل استعمال کرتا ہے لیکن گھنٹی نہیں بجاتا خاص طور پر احاطۂ عدالت میں پہنچ کر تاکہ کوئی گنوار ٹکراتے ٹکراتے بچے اور اس کو اپنا سفید دانت نکال کر اینگلو انڈین زبان میں اس طرح گالی دینے لگے کہ ایک طرف بے چارہ گنوار سہم جائے دوسری طرف ڈپٹی صاحب کی آمد کی اطلاع ساری کچہری میں ہو جائے۔ وہ ہمیشہ اس کی کوشش کرے گا کہ اس کی وضع قطع اور طور طریقے کو دیکھ کر لوگ یہ یقین کرلیں کہ یہ سلسلہ "فاتحانِ ہند" کی کوئی کڑی ہے گم شدہ نہیں تو گری پڑی سہی!

۲۴ گھنٹے ڈپٹی کلکٹر کی زندگی اس وقت سے شروع ہوتی ہے جب وہ ڈپٹی کلکٹر مقرر ہوا۔ اس سے قبل کے زندگی اور خاندان کے سارے حالات و حوادث اس طور پر بھلا دے گا گویا وہ کبھی پیش ہی نہیں آئے تھے' اب نہ وہ عزیزوں کو پہچانے گا نہ دوستوں کو خاطر میں لائے گا بشرطیکہ وہ کلکٹر صاحب نہ ہوں۔ ڈپٹی کسی دقت کو خاطر میں نہیں لاتا سوا اس کے کہ جب اسے اپنے سے کم درجے کے عزیزوں اور رشتے داروں سے چھٹکارا حاصل کرنا ہو یا کلکٹر صاحب خفا ہوں۔ وہ کبھی کھل کر ہنستا ہوا نہیں پایا جائے گا تاوقتیکہ وہ ڈپٹی برادری میں نہ ہو' کبھی ایسا ہوا بھی تو محض یہ محسوس کرانے کے لیے بادلِ ناخواستہ ہنسے گا کہ آپ پر احسان کر رہا ہے!

وہ ہر واقعہ یا مسئلے کو خواہ اس کے عقل و فہم سے باہر ہی کیوں نہ ہو' اس طور پر سنے گا گویا اس کی تہ تک پہنچ چکا ہے اور آپ جس سنجیدگی یا تشویش کے ساتھ گفتگو کر رہے ہیں وہ آپ کی حماقت کی دلیل ہے۔ ڈپٹی کلکٹر کبھی بے تکلف نہیں ہوتا کیونکہ اس کو یقین ہے کہ اس کے بے تکلف ہونے سے ہندوستان سے انگریزی اقتدار اٹھ جائے گا، اور ظاہر ہے اس کے ساتھ اس کی ڈپٹیت بھی!

بعض لوگوں کا عقیدہ یہ ہے کہ ہیئت اور حلیے کے اعتبار سے ان کا عجیب وغریب نظر آنا، اسی کے مطابق لباس تیار کرنا، سر کے بالوں کو بڑھا کر ان کی حالت پر چھوڑ دینا یا انوکھے انداز سے چلنا یا گفتگو کرنا ان کی شہرت یا قابلیت کے لیے اتنا ہی ضروری یا مفید ہے جتنا امرت دھارا یا حکیم صاحب کی گولیاں امراض معدہ میں۔ مثلاً ایک صاحب موسیقی کے فن کے ماہر تھے۔ ان کی عادت برہنہ سر رہنے کی تھی، دوسرے نے اس خیال سے کہ لوگ ان کو بھی ویسا ہی باکمال سمجھنے لگیں، یا ان کو دیکھ کر اول الذکر کا دھوکا ہو ٹوپی ترک فرمادی۔ حالانکہ ان کا کمال اگر ظاہر ہو سکتا تھا تو اس طور پر کہ ٹوپی کے سوا یہ سارے کپڑے ترک فرمادیتے!

بعض لوگ جو ہمیشہ انگریزی طرز کے لباس پہنتے ہیں جب کوئی غیر معمولی تقریب ہوتی تو وہ قدیم اور متروک ہندوستانی لباس میں نظر آئیں گے تاکہ لوگ حیرت میں آکر یہ سوچنے لگیں کہ ایسا قابل اور ایسا مشہور آدمی جس لباس میں نظر آرہا ہے اس سے اپنے شاندار ماضی کی یاد تازہ ہوتی ہے۔

ایک دوست اس تیور اور کچھ تعجب نہیں اس مقصد سے نماز پڑھتے ہیں کہ جو لوگ ان کے ساتھ یا ان کے پیچھے نہیں پڑھتے وہ دوزخی ہیں۔ دوسرے ہیں جن کی زندگی کا وطیرہ یہ ہے کہ وہ مشہور لوگوں کے ساتھ رہیں اور ان کے ساتھ دیکھے یا پائے جائیں وہ کھیلنے سے قطعاً ناآشنا ہوں گے لیکن کپتان کے اردلی بنے رہیں گے، کہیں کھیل ہو رہا ہو تو گھوم پھر کے وہیں رہیں گے جہاں کھلاڑی جمع ہوں، اپنے سوا کسی دوسرے کو وہاں آنے نہ دیں گے۔ اس سلسلے میں ان کو دو چار پست قسم کے کام کرنے پڑیں یا کپتان یا ٹیم والے ان کو تفریحاً گالی دے دیں یا ایک آدھ ہاتھ تفریحاً رسید بھی کردیں تو وہ غالب سے نابلد ہونے کے باوجود غالب کے مسلک

دے وہ جس قدر ذلت ہم ہنسی میں ٹالیں گے!

کی پیروی کرتے نظر آئیں گے۔ ان کو اس کا معاوضہ کیا ملتا ہے؟ صرف اتنا کہ وہ کپتان یا کھلاڑی یا دوسرے ممتاز افراد سے بے تکلف ہیں ان کی گفتگو میں شریک ہوں گے کبھی کبھی اپنا کھانا

منگواکران کے دسترخوان پر بیٹھ جائیں گے۔ ان کی عدم موجودگی میں دوسروں سے کھیل کا حال کھیل کا طریقہ یا کھیل کا فلسفہ اس طور پر بیان کریں گے گویا یہ خود اس میں شریک تھے اور انھیں کے نام پر ٹرافی حوالہ کی گئی ہے۔ پہلی بار تو مجبوری ہے ٹرافی کپتان ہی کے ہاتھ میں دی جائے گی لیکن اس کے بعد غریب ٹرافی ہے اور یہ ہیں۔ تانگے میں، ریل میں، پلیٹ فارم پر، چوراہے پر ہر جگہ ٹرافی انھیں کے آغوش میں ہوگی اس قسم کے لوگ یا اس قسم کی حرکتیں صرف کھیل کود تک محدود نہیں ہیں زندگی کے ہر شعبے میں پائی جاتی ہیں۔ مثلاً لکھنا پڑھنا۔ تقریر کرنا۔ فیل ہونا، کھیلنا، مانیٹری کرنا۔ اسٹرائک کرنا۔ مارنا، مار کھانا۔ شادی کرنا، والدین بننا یا نان کو آپریشن کرنا وغیرہ۔

ایک صاحب اور ہیں جن کا خیال ہے کہ ان کے علاوہ تمام دوسرے لوگ مغالطے میں مبتلا ہیں۔ اگر ناظرین ان کا ٹھیک پتہ بتاسکیں تو اس صلے میں یہ مضمون دریافت کرنے والے کے نام معنون کر دیا جائے گا۔

مثلّث

مرشد کا مقولہ ہے اور میرا تجربہ کہ اگر انسان کو بدترین دشمن کی تلاش ہو تو اس کو اپنے عزیزوں میں مل جائیں گے اور بہترین دوست کی ضرورت ہو تو غیروں کا جائزہ لینا چاہیے یعنی عزیزوں سے زیادہ دشمن اور غیروں سے زیادہ دوست نہیں ہوتے. اس پر ایک دوست نے فرمایا دوست اور دشمن دونوں کی بدترین مثال یونیورسٹی میں مل جائے گی.

اس سال یونیورسٹی میں غیر معمولی تعطیل ہوئی. یعنی غیر معمولی طور پر طویل، اور اس میں حصّہ لینے کے لیے ہم آزاد ہی نہیں مجبور بھی ہیں تو سوچنا پڑا کہ آخر کیا کیا جائے چنانچہ مرشد سے رجوع کیا گیا فرمایا تعطیل گزارنے کی دو صورتیں ہیں یا تو.

سیر کر دنیا کی غافل "نوجوانی" پھر کہاں

اور یہ صورت اس حال میں روا ہے جب صحت اچھی ہو اور روپے پاس نہ ہوں. دوسری صورت یہ ہے کہ اپنے اپنے گھروں کو چلے جائیے عزیزوں کی مدد کیجیے، کسی کی روپے سے کسی کی کپڑے لتّے سے ایک کی تیمارداری کیجیے دو چار کی تجہیز و تکفین اور پھر بیمار، مفلوک الحال مقروض اور مطعون ہو کر واپس آجائیے. مشورے میں ایسے لوگ شامل تھے جو مرشد کے

بامضے اور ان کی بشارتوں کے ہمیشہ سے قایل تھے چنانچہ یہ طے پایا کہ اس بارے میں مرشد کی ہدایت کو تسلیم کر لیا جائے۔ اب مسئلہ یہ تھا کہ کہاں اور کب چلا جائے۔

مرشد نے فرمایا، یورپ چلا جائے، راؤنڈ ٹیبل میں شرکت بھی ہو جائے گی اور میموں سے بھی جھجک نکل جائے گی۔ عرض کیا مرشد میموں سے جھجک کے کیا معنی۔ فرمایا یہی تھوڑی بہت یاد اللہ۔ مثلاً یہ کہ جب دن رات کا اٹھنا بیٹھنا ساتھ ہوگا تو پھر وہ باتیں جو ہمارے بزرگوں کو ان کی بری معلوم ہوتی ہیں ہم کو بھلی معلوم ہونے لگیں گی 'اپنے یہاں کی عورتوں کے علاوہ سارے جہان کی عورتوں کی توقیر ہماری نظروں میں بڑھ جائے گی اور ہم صیح معنوں میں عورت اور آزادی کا اندازہ کر سکیں گے آپ جانتے ہیں ہمارے آپ کے بزرگوں کے ذہن میں کبھی یہ معمولی سی بات بھی نہیں آئی کہ ہندوستان کی آزادی درحقیقت عورتوں کی آزادی سے وابستہ ہے۔ جس دن عورت آزاد ہوئی ہم آپ بھی آزاد ہوجائیں گے اور بفرضِ محال ہم آزاد نہ بھی ہوئے تو مجلس بین الاقوام تو ہم کو آزاد ماننے پر مجبور ہی ہوگی۔ اور جس دن مجلس بین الاقوام نے ہم کو آزاد قرار دے دیا نہ نگار فتحپوری کی ضرورت ہوگی نہ سچ دریابادی کی، نہ طلاق ہے نہ تعدد ازدواج نہ سعدی نہ شفیع داؤدی۔

نہ ہر زن، زن است و نہ ہر مرد مرد !

ایک طرف سے آواز آئی۔

گئے تھے ہر بھجن بنیں گے کپاس !

میرے ایک دوست میر منجھو ہیں۔ جن کی ہمیشہ یہ آرزو رہی کہ دولت میں راک فلر کے ہمسر اور شہرت میں مہاتما گاندھی کے لگ بھگ ہوجائیں۔ دریافت کیا کہ آخر آپ کو اس کی ضرورت کیوں لاحق ہوئی۔ پہلے تو بہت جز بز ہوئے لیکن جب میں معافی مانگنے پر آمادہ ہوا اور ان کو اندیشہ ہوا کہ میں اپنے سوال کو جہاں کا تہاں رہنے دوں گا تو فرمانے لگے تم سے کیا تکلف میں چاہتا ہوں کہ کوئی نہایت حسین نوجوان تندرست دولت مند اور نیک عورت مجھ سے عشق کرنے لگے۔ میں نے کہا جو صفات آپ عورت میں چاہتے ہیں وہ خدانخواستہ مل گئیں تو اندیشہ ہے وہ سب سے پہلے تو خدا سے عشق کرے گی یا پھر مجھ سے۔

آپ کا تو کوسوں پتہ نہ ہوگا میر صاحب چراغ پا ہو گئے فرمایا تم کافر بھی ہو اور جھوٹے بھی آخر تم پر وہ کیوں اور کیسے مائل ہوگی میں نے کہا صاحب سنو. مجھ پر تو وہ یوں مائل ہوگی کہ اس میں جتنے صفات ہوں گے اس کے برعکس مجھ میں عیوب ہیں اور آپ جانتے ہیں عورت مرد کے محاسن سے زیادہ اس کے معاصی کی پرستار ہوتی ہے. آپ خود ان لوگوں میں ہیں جن کو نہ اپنے محاسن کا احساس نہ معاصی کا علم. آپ کا دشمن ہوتا آپ کے بارہ میں حکم لگاتا. نہ رزق نہ موت!

میر منجھو ان لوگوں میں تھے جن کی شادی والدین کرتے ہیں، اور عقدِ ثانی دوست احباب. کسی زمانے میں ان کی شادی ضرور ہوئی تھی، کیونکہ ان کا مخصوص برزخ اس پر گواہ تھا. لیکن والدین کے ساتھ ساتھ بیوی نے بھی مفارقت کی. میر منجھو نے ہوش سنبھالا تو جوانی اور دولت دونوں ختم ہو چکی تھیں. لوگوں کا خیال ہے کہ یہی وہ زمانہ ہوتا ہے کہ جب انسان میں کارنیگی اور انٹولی بننے کی استعداد نہیں صرف آرزو رہ جاتی ہے اور ظاہر ہے اس حالت پر پہنچ کر انسان کیا کچھ نہیں ہو جاتا. جیل خانہ جانے سے زیادہ نائٹ بننا پسند کرتا ہے۔

میر صاحب بوڑھے ہو گئے تھے لیکن بڑھاپا ظاہر نہیں ہونے دینا چاہتے تھے. داڑھی مونچھ دونوں صاف. نماز روزے سے مستثنیٰ. عورتوں سے مایوس شادی سے گریز. سنیچر کے وقت تک جاگتے اور چاشت تک سوتے. ذرا سی بات پر خفا ہو جاتے اور بڑی سے بڑی مسرت پر متبسم نہ ہوتے. تندرست تھے لیکن شکل سے بالکل ہندوستانی دواخانہ. ایک سبب یہ بھی تھا جس سے عورتیں اور لڑکے ان سے بھاگتے اور دوست احباب ان کے گرد رہتے تھے.

آج تک کسی کو نہ معلوم ہوگا کہ میر منجھو کا مبلغِ علم کیا ہے، نہ کوئی شخص یہ پتہ لگا سکا کہ ان کو کیا نہیں آتا کہ ایک دن ایک مریض کے زخم کی پٹی دیکھ کر غش کھا گئے لیکن میں اس دن بھی موجود تھا جب میر صاحب کی داہنی بغل کی چار گلٹیاں نشتر سے نکالی گئیں اور میر صاحب اس دوران میں بائیں ہاتھ سے چار سگریٹ پی گئے۔

میر صاحب ہٹی اور شکی دونوں ہیں اور کوئی شخص نہیں کہہ سکتا کہ کس موقع پر کیا کر بیٹھیں گے. میر صاحب کو اس کا کبھی یقین نہیں آتے گا کہ کل پورب سے سورج نکلے گا یا نہیں. لیکن

اگر آپ یہ کہنے لگیں کہ شاید سورج نہ نکلے تو پھر کہیں گے کہ سورج ضرور نکلے گا آپ کیسی ہی معقول اور مدلل بات کیوں نہ کہیں وہ اس کی مخالفت ضرور کریں گے۔ یہ بھی ممکن ہے آپ نامعقول یا پھس پھسی بات پیش کریں اور میر صاحب اس کے معقول ہونے کی قسم کھالیں۔

یورپ جانے کی تیاری ہو رہی تھی۔ میں نے کہا مرشد دو چیزوں کی ہمیشہ تمنا رہی ایک داڑھی رکھنے کی دوسرے یورپ جانے کی۔ داڑھی کی تو اب تک توفیق نہیں ہوئی۔ آپ کے ہوتے اگر یورپ جانا بھی نصیب نہ ہوا تو میری بیوی بچے آپ کو کیا کہیں گے۔ میر منجھو بولے یورپ جانے والوں کا یہ منہ نہیں ہوتا۔ میں نے کہا مرشد نے سالہا سال کس منہ سے یورپ میں بسر کی ہے۔ مرشد نے فرمایا بھئی یورپ میں ہر قسم کا منہ، چالو ہے بشرطیکہ منہ میں زبان کے بجائے پیسے ہوں۔ میں نے کہا مرشد پیسے ہوتے تو آم کیوں نہ کھاتے، آم کا سننا تھا کہ مرشد یک لخت کھڑے ہوگئے۔ فرمایا چلو۔۔۔۔ چلیں۔ سبحان اللہ آم تو علاج الغرباء کا بہترین نسخہ ہے۔ مقوی، مشتہی، مسکن، محرک اور بہت سے دوسرے خواص نزینیہ، جن سے ہندوستانی دواخانہ کی فہرست مرتب کی جاسکتی ہے۔ عرض کیا مرشد یہ کیونکر ممکن ہے کہ ایک ہی چیز مسکن بھی ہو اور محرک بھی۔ فرمایا جب تم نفسیات طب سے واقف نہیں ہو تو پھر ہر بات میں قابلیت کیوں جتاتے ہو۔ اتنا تو جانتے ہو کہ جرم کا مدار نیت پر ہے، اس لیے تسکین اور تحریک کا مدار محض نیت پر ہے جو آم کے استعمال کی محرک ہوئی۔ میں نے کہا بعض جرائم ایسے بھی تو ہیں جن میں نیت کا مدار جرم پر ہوتا ہے یا جہاں جرم موجود ہوتا ہے اور نیت کا پتہ نہیں ہوتا۔ فرمایا وہ کیا؟ کہا مثلاً نان کوآپریشن۔ کہنے لگے دیکھو ذاتیات کو معرض بحث میں لاتے ہو اور یہ علی گڑھ والوں کا عام شیوہ ہے۔ میں نے کہا علی گڑھ کا ہونے کی کمزوری تو مجھ میں آپ میں برابر ہے کہ میر منجھو نے سرکہ جبیں ہوکر فرمایا۔ فرق صرف یہ ہے کہ آپ نے علی گڑھ کو چار چاند لگا ہیں اور ذاکر صاحب نے علی گڑھ کو کلنک کا ٹیکہ لگا ہے۔ میں نے کہا میر صاحب آپ کے خوشامدی ہونے کا ثبوت مل گیا لیکن مرشد کو ذاکر صاحب کہنے سے کیا مطلب ہے۔ کہیں ایسا تو نہیں آپ کا عقیدہ بھی وہی ہو جس کی بنا پر محمد علی جناح، مہاتما گاندھی کو مسٹر گاندھی کہتے ہیں۔

مرشد نے فرمایا، نان کوآپریشن نے آپ کا کیا بگاڑا ہے، میں نے کہا مرشد نان کوآپریشن

جب مولانا شوکت علی کا کچھ نہ بگاڑ سکا تو میرا کیا بگاڑ سکتا ہے۔ میر منجھو نے کہا تم دونوں میں بننے کی کب صلاحیت تھی کہ کچھ بگڑتا۔ میں نے کہا جناب میں، مرشد، جملہ اراکین اسمبلی، اسیر فیصل اور میر منجھو مسلمان ہیں، جن کی نجاتِ اخروی کا ذمہ دار خدا اور نجاتِ دنیوی کی حکومتِ برطانیہ ہے اس کے بعد رہ کیا جاتا ہے۔ نان کو آپریشن کا درد سر وہ خریدے جس پر آن کا ایمان نہ ہو۔ مرشد اس پر کچھ ایسے نعل در آتش ہوئے کہ قریب تھا کہ کوئی نہایت غیر ذمہ دار فقرہ زبان پر لائے اُتنے میں آم والے نے صدا دی۔ مرشد کا چہرہ اصغر صاحب کا مصرع بن گیا

شاعیں (صدائیں!) کیا پڑیں رنگت نکھر آئی گلستاں کی

آم والے کو آواز دی۔ اس نے خوانچہ سامنے رکھ دیا۔ مرشد نے آموں کی اقسام اور ان کی تعریف شروع کر دی۔ ٹوکرے میں اتنے آم یا اس کے اقسام نہ تھے جتنے مرشد کی زبان پر توصیفی الفاظ۔ عرض کیا مرشد مسئلہ آم اور اقسام کا نہیں ہے بلکہ آم و دام کا ہے۔ فرمایا انسانیت سے کیوں گزرے جاتے ہیں۔ میں نے کہا آخر یہ کس صحیفۂ اخلاق کی تعلیم ہے کہ آم کے سلسلے میں آپ کسی کی انسانیت کو معرضِ بحث میں لائیں، فرمایا آم اور انسانیت کا جب کبھی مقابلہ کریں گے اول الذکر کو بہتر و برتر پائیں گے مثلاً آم سے کمزوروں میں اور انسانیت سے حریفوں میں طاقت پیدا ہوتی ہے۔ آم سے آپ سرخ و سفید ہوں گے۔ انسانیت سے آپ کے دشمن آم کھاتے رہیے اولاد پیدا کرتے رہیے انسانیت دکھائیے تو بیوی اور برطانیہ دونوں شیر۔ اتنے میں ایک دوست بول اٹھے آم کھانے سے گرمی دانے پیدا ہو جاتے ہیں۔ میر منجھو نے بھی سر ہلاتے ہوئے اس کی مبہم سی تصدیق کی۔ مرشد نے بشارتاً فرمایا اس پر دودھ استعمال کیجیے تو گرمی قائم رہے گی اور دانے پیدا نہ ہوں گے۔ یہ بشارت کچھ ایسی تھی کہ آم والا دام لیے بغیر چل دیا۔ مجھ پر وجد کا عالم طاری ہوا۔ مرشد اسی وقت کے منتظر اور آم خائف تھے۔ چنانچہ کھانا آتے آتے تمام آم ناگفتہ بہ ہو گئے۔

کئی دن تک مرشد دعوتیں اور میر منجھو غم کھاتے رہے ایک دن پھر جلسہ مشاورت ہوا، طے پایا کہ میر منجھو کوئی پروگرام پیش کریں یا میر صاحب کبھی فیصلہ کن بات پیش نہیں کریں گے۔

بعضوں کا خیال ہے کہ وہ ایسا کر بھی نہیں سکتے۔ لیکن کوئی دوسرا پیش کرے تو اس کی مخالفت شروع کر دیں گے۔ میر صاحب صرف اپنی خواہش کا اظہار کیا کرتے ہیں اور وہ بھی اس طور پر گویا ان کو اس کا یقین نہیں ہے۔ اکثر یہ بھی ہوتا ہے کہ میر صاحب مسئلہ کی اتنی مخالفت نہیں کرتے جتنی مسئلہ پیش کرنے والے کی۔ مثلاً کوئی شخص کہے۔ موسم نہایت عمدہ ہے، میر صاحب بول اٹھیں گے آپ احمق ہیں۔ کوئی ڈرتے ڈرتے یہ دریافت کرے کہ میر صاحب آپ عقدِ ثانی پر مجبور کیے جائیں تو کس قسم کی بیوی پسند فرمائیں گے۔ چھوٹتے ہی فرمائیں گے آلو۔ لیکن میر صاحب کوئی قطعی بات پیش بھی کر دیں گے تو جلد ہی اس کے نقائص یا خطرات بھی بیان کرنے لگیں گے۔ مثلاً ارشاد ہوگا کہ یہ وقت شکار کے لیے موزوں ہے اور لوگوں نے اس پر غور کرنا شروع کیا۔ معاً دوسری آواز آئے گی لیکن دیکھو ممکن ہے دھوپ تیز ہو جائے موٹر میں آگ لگ جائے، چلتے چلتے وصال ہو جائے بندوق موجود نہ ہو۔ ناشتہ تیار نہ ہو سکے۔ شکار نہ ملے۔ ورنہ پھر کہو گے میں نے تجویز پیش کی تھی۔ اس پر بھی لوگ تیغ و کفن باندھ کر تیار ہو گئے۔ تو فرمائیں گے۔ سورج نکلنے پر روانگی ہوگی اور سورج غروب ہونے سے پہلے واپسی، شکار کس قسم کا ہوگا۔ چرند۔ پرند۔ درند یا کیا؟ جائے ورود سے شکار کتنے فاصلہ پر ہوگا۔ کن کن لوگوں کی بیویاں چلیں گی اور کن کن کے بچے اور کون لوگ گھر رہ جائیں گے؟ اگر ان تمام امور کا جواب خاطر خواہ ہوا تو پھر میر صاحب آمادہ ہوئے لیکن روانہ ہوتے ہوتے سفر کے دوران' سفر کے اختتام پر کہتے یہی رہیں گے کہ شکار نہ ملے گا اور اکثر یہ ہوتا ہے کہ نہیں ملتا اور آخر ملے بھی کیوں میر صاحب چاہتے ہیں کہ ان کو اپنے پاؤں پر کھڑا ہونا پڑے نہ شکار کو اپنے پاؤں سے چلنے کی توفیق ہو۔ آرزو یہ ہوتی ہے کہ شکار کے دولت خانے پر چلے جائیں مل جائے تو فبہا ورنہ کارڈ چھوڑ آئیں شکار کی اخلاقی پابندی ہے کہ وہ بازدید کے لیے میر صاحب کے آستانہ پر حاضر ہو۔

ایک دن ہم سب نے

نکل گھر سے بس راہ شملہ کی لی

راستے میں کچھ ایسے واقعات پیش آئے کہ مرشد دہلی اتر پڑے۔ میر مکھوا اسٹیشن پر ٹھہر گئے

اور میں مکان واپس آ گیا۔ بات صرف اتنی تھی کہ سب کے روپے میر صاحب کے پاس تھے جسے وہ گھر بھول آئے تھے، لیکن تحقیقات کی گئی تو معلوم ہوا کہ روپے صرف ان کے تھے اور بقیوں کے وعدے، غلطی سے وعدے ساتھ چلے آئے اور روپے گھر رہ گئے۔ یہ مسئلہ پھر مرشد کے سامنے آیا۔ موصوف نے فرمایا کہ روپے کا انتظام شملہ پہنچ کر کیا جا سکتا ہے۔ ڈاکٹر اصغر صاحب نے دریافت فرمایا وہاں پہنچ کر آخر کیا سبیل ہوگی۔ مرشد نے فرمایا کہ اس وقت شملہ میں یہ مسئلہ درپیش ہے کہ راؤنڈ ٹیبل میں کس قسم کے ممبران بھیجے جائیں۔ دقت یہ تھی کہ امیدواروں کے زمرے میں ایک جماعت کے پاس روپے کی افراط تھی اور اراکین کی کمی۔ دوسری مفلس تھی لیکن تعداد میں بالکل کسان سبھا۔ حکومت کے پاس صرف روپے تھے۔ مرشد نے فرمایا اگر ایسی حالت میں ہم شملہ پہنچ جائیں تو حکومت کا نام اور ہمارا کام ہو جائے گا۔

میں نے دریافت کیا یہ سب تو ٹھیک ہے۔ لیکن شملہ پہنچیں گے کیوں کر۔ طے پایا کہ مرشد ایک دفعہ ہندوستانی دواخانہ ہو آئیں، اصغر صاحب ریفرشمنٹ روم، میر منجھو جگادھری انبالہ میں مکان۔ ہم لوگ اپنے اپنے مشن پر روانہ ہوئے۔ بعد میں معلوم ہوا کہ میر منجھو نے ہمارا خون ہدیہ کر دیا ہے!

میر منجھو اور مرشد سے نجات پا کر علی گڑھ واپس آیا۔ معلوم ہوا کہ عزیزوں میں ایک صاحب کی شادی ہونے والی ہے۔ دوسرے صاحب سفرِ آخرت کر گئے۔ تیسرے ایسا کرنے والے ہیں، چوتھے خود ہمارے یہاں تشریف لانے والے ہیں۔ یہ خبر ایسی فیصلہ کن تھی کہ فی الفور بیوی بچوں کو محفوظ مقام پر بھیج دیا گیا اور میں نینی تال کے لیے روانہ ہو گیا۔

ایک دفعہ ایک کتے سے کچھ اختلافِ آرا ہوا تھا، اس لیے کسولی جانا پڑا تھا، ورنہ اب تک کسی پہاڑ کو مجھ سے سابقہ نہیں پڑا تھا۔ ایک عرصہ سے ڈاکٹر اصغر صاحب سے ناخوش تھا سبب یہ تھا کہ انھوں نے میرے ساتھ کشمیر چلنے کا وعدہ کیا تھا لیکن آخر وقت میں جانے کا خیال ترک کر دیا اس سلسلہ میں بہت کچھ زیر بار ہونا پڑا تھا۔ چنانچہ عہد کر لیا تھا کہ جہاں تک سیر و سفر کا تعلق ہے ان سے کوئی سروکار نہ رکھوں گا۔ انھوں نے بہت کچھ عذر و معذرت بھی کی، لیکن میں قطعاً بیزار رہا۔ لیکن بعض مستند راویوں کا خیال ہے کہ جو قصور میں اصغر صاحب

کے سر تھوپ رہا ہوں، وہ ان کا نہیں میرا تھا اور اصل میں نے کشمیر چلنے کا وعدہ کیا تھا اور آخر وقت میں میں نے سفر سے انکار کر دیا۔ اور وہ مجھ سے بیزار تھے اور عزم کر چکے تھے کہ اب سے میرے قول و فعل کا کبھی اعتبار نہ کریں گے۔ بہت کچھ معافی مانگی لیکن انھوں نے اعتنا نہیں کی۔ بہرحال اوّل تو میری عادت ردّو قدح کرنے کی نہیں ہے، دوسرے یہ کہ اب میرے اور ان کے تعلقات نئے سرے سے شگفتہ ہوئے ہیں، اس لیے اس مسئلہ کو موضوعِ بحث میں نہیں لانا چاہتا۔

لیکن واقعہ یہ ہے کہ جب میں اور وہ نینی تال کو اپنا ممنونِ کرم بنانے کے لیے روانہ ہوئے تو تعلقات کچھ یوں ہی سے تھے۔ اب مسئلہ یہ تھا کہ میرا اصولِ سفر یہ ہے کہ میں اور میرا ہمسفر پہلے یہ طے کرلے گا کہ کون سینیر ہوگا اور کون جونیر۔ سینیر اور جونیر کے فرائض یہ ہیں کہ صرف ریل کا کرایہ اپنے پاس سے ادا کریں۔ اس کے بعد موٹر تانگے کا کرایہ۔ قلی کی مزدوری، کھانے کی قیمت، قیام، طعام اور راستے کے تمام اخراجات سینیر کے ذمہ، ناشتہ لے چلنے کا ذمّہ دار بھی سینیر ہے۔ جہاں جا رہے ہو وہاں جونیر کو روپیوں کی ضرورت ہو تو سینیر کا فرض ہے کہ وہ بطورِ قرض ادا کرے، جہاں تک اس قسم کے قرض کا تعلق ہے جونیر کا فرض ہے کہ وہ اپنی سہولت کو مدِ نظر رکھ کر بالاقساط ادا کرے، لیکن ہمیشہ ہر مجمع میں اس کا اقرار کرے کہ اس نے قرض لیا ہے۔ اس کے علاوہ جونیر کا فرض یہ ہے کہ وہ اسباب وغیرہ کا نگراں رہے۔ سینیر کے لیے ریل پر ہر قسم کی سہولت فراہم کرے۔ مثلاً پانی یا ضرورت کی چیزیں اسٹیشن پر سے لایا کرے۔ قلی اور تانگے والے سے لڑائی مول لے۔ ٹکٹ کلکٹر سے انگریزی بولے نئے مسافروں کو اندر نہ آنے دے اور سینیر کو باہر نہ جانے دے۔ ناشتہ دسترخوان پر چن دے پھر ساری چیزوں اور برتن کو سمیٹ لے۔ مختصر یہ کہ ہر قسم کے متوقع یا غیر متوقع اخراجات کا سینیر اور جونیر بننے یا بنائے جانے کا مسئلہ بھی پیش ہوا، اصغر صاحب نے سرے سے انکار کر دیا کہ نہ کوئی جونیر ہے اور نہ سینیر۔ ہر شخص ہمسر اور سب نے بہت کچھ سمجھایا کہ بغیر اس کے کام نہ چلے گا لیکن کسی کی ایک پیش نہ گئی۔ شام کے پانچ بجے روانگی کا وقت تھا لیکن سامان وغیرہ درست نہ ہو سکا۔ رات کے دس بجے تک یہی عالم رہا۔ بالآخر یہ طے پایا کہ علی گڑھ سے کاٹھ گودام تک میں جونیر اور اصغر صاحب

شیطان کی آنت (مزاحیہ مضامین) 75 رشید احمد صدیقی

سنیر اور کاٹھ گودام سے نینی تال تک میں سنیر اور اصغر صاحب جونیر۔ بارہ بجے رات کو روانہ ہوئے صبح بریلی پہنچے اور ۹۔۱۰ تک کاٹھ گودام تمام راستے کے اخراجات کے اصغر صاحب کفیل اور خدمات کا میں متحمل رہا۔ کاٹھ گودام پہنچے تو ترشح ہو رہا تھا۔ میں نے کہا چھتری نکال کر مجھے لگائیے فرمایا یہ تم کو خود کرنا پڑے گا۔ میں نے کہا آخر کیوں؟ کہنے لگے یوں ہی۔ میں نے کہا اچھا کھانا اتار کر چنیے میں کھانا شروع کروں اور آپ لپک کر کوئی موٹر ٹھہرائیے اور اسباب بار کرائیے۔ کہنے لگے موٹر میں ٹھہراؤں گا لیکن کھانا نینی تال پہنچ کر کھایا جائے گا۔ ویٹنگ روم میں بیٹھ گیا وہیں سے دیکھتا رہا۔ تھوڑی ہی دیر میں کیا دیکھتا ہوں کہ سارے موٹر والے، قلی، مسافر اور تماشائی اصغر صاحب کے گرد جمع ہیں۔ تھوڑی دیر تک اور یہی حالت رہتی تو پولیس کے چند سپاہیوں کا اور اضافہ ہو جاتا۔ چنانچہ مجھ کو بھی جانا پڑا۔ میں نے اصغر صاحب کو الگ لے جا کر دریافت کیا کہ اب آپ جونیری سے فوراً مستعفی ہو جائیے ورنہ نینی تال اور علی گڑھ دونوں ہاتھ سے جاتے ہیں۔ کچھ دیر تک ردّ و قدح ہوتی رہی، لیکن بعد میں معاملات طے ہو گئے اور میں جونیر کے منصب پر فائز کر دیا گیا۔

کاٹھ گودام سے نینی تال تک کا سفر بھی کس درجہ روح پرور تھا۔ بس ایسا معلوم ہوتا تھا کہ نیاز فتحپوری کی جنت سے مولانا ماجد کی جنت کو منتقل ہو رہا ہوں تو اس جنت کے اس تصور کو اس وقت دھچکا لگتا جب ہوا زیادہ سرد ہونے لگتی، یا سامنے سے یک لخت کوئی موٹر آجاتی۔ جنت اور دوزخ کے معاملہ میں ان دونوں بزرگوں میں جو "مزاح المومنین" ہوا ہے اس پر ایک دفعہ مرشد سے بھی درخواست کی تھی کہ اس معاملہ میں رہبری فرمائیں، ارشاد ہوا تھا، یاوہ گوئی پر یاوہ گو کی زبان کھینچ لینی چاہیے لیکن اگر کوئی شخص یاوہ گوئی کا حق چھیننا چاہے تو اس کا سر قلم کر دینا لازم ہے۔ میں نے کہا مرشد معاف فرمائیے۔ یہ آپ کیا جبر تعقیل پیش کر رہے ہیں۔ میں اس طرح کی باتوں کو نہ سوچ سکتا ہوں نہ کہہ سکتا ہوں۔ فرمایا جی تو میرا بھی یہی چاہتا ہے لیکن اس وقت بھوک لگ رہی ہے۔ چنانچہ مدارات معدہ کے بعد مرشد چارپائی پر اس طور سے لیٹ گئے کہ ہاتھ اور پاؤں کے انگوٹھے سے اس کے چارپایوں کو چھونے لگے

عرض کیا مرشد یہ کس قسم کا ٹیننا ہے فرمایا کھانے کے بعد یہ ایک طرح کا قیلولہ ہے جس سے غذا کے مقاصد جلد سے جلد پورے ہو جاتے ہیں۔

کچھ دیر ہندو مسلم نفرت و نفاق کا ذکر چلا، پوچھا مرشد اس بارے میں کیا حکم ہے۔ فرمایا رسہ کشی ہو رہی ہے۔ بہتر یہی ہے کہ دور رہو۔ لیکن دل نہ مانے تو ایک تیز چھرا کہیں سے لاؤ۔ میں نے کہا مرشد اتنی ہمت نہیں ہے کہ چھرے کا نام سن کر اس سے کام لے سکوں فرمایا ایک حالت تو یہ ہوتی ہے کہ لاٹھی نہ ٹوٹے اور سانپ مر جائے۔ دوسری یہ کہ لاٹھی ٹوٹ جائے اور سانپ نہ مرے۔ تیسری یہ کہ دونوں پر آفت آئے۔ اور چوتھی یہ کہ کسی پر نہ آفت آئے۔ میں اچھل پڑا۔ مرشد مرحبا، بس آخری ترکیب ٹھیک ہے۔ فرمایا اچھا اس وقت دونوں انتہائی جوش اور شدت کے ساتھ رسا کھینچ رہے ہیں۔ تم بیچ میں کھڑے ہو جاؤ۔ جب دونوں پورے طور پر آنکھیں کھولے اور دانت نکالے ہوئے ہوں رسے پر بھرپور ایک ہاتھ چھرے کا مار دینا۔

لاحول ولا قوۃ کہاں سے کہاں جا پڑا۔ ہم موٹر پر اس تیزی کے ساتھ بلندی کی طرف بڑھ رہے، جیسے کسی مہاجن کا سودی قرض۔ سیاہ چکنی چمکتی پر پیچ و پر خم سڑک جیسے پیکر کوہ کسی کالے ناگ کے فشار آغوش میں ہو۔ راستہ خشک اور خنک، منظر حسن و شباب کا تصور اور تصویر، سردی بڑھتی جاتی تھی۔ نشیب سے کہر اور ابر کی فضائیں بلند ہونی شروع ہوئیں، دیکھتے دیکھتے سارا ماحول ایک نمناک دھندلکے میں تبدیل ہو گیا۔ کبھی خیال آتا کہ شاید زندگی کی ابتدا اسی سے ہوئی ہے۔ کبھی معلوم ہوتا کہ زندگی کی انتہا ایسی ہی ہو گی۔ بایں ہمہ یہ خیال بھی نہ گیا کہ یہ سب صحیح ہو یا نہ ہو، گرم کپڑوں کی ضرورت مسلم ہے۔

ہم دونوں نینی تال پہنچے۔ ڈاکٹر عبادالرحمن خاں صاحب موٹر اسٹینڈ پر پہلے سے موجود تھے ان کی آنکھیں بھی اچھی ہیں اور قسمت بھی۔ وہ یونیورسٹی میں بھی ہیں اور ہم کو قرض بھی دے دیتے ہیں۔ ابھی جھیل کے کنارے نہیں پہنچے تھے کہ ایک سمت ایک نئی عمارت نامکمل حالت میں نظر آئی۔ اصغر صاحب کو بہت پسند آئی۔ ڈاکٹر خان نے کہا یہ عمارت فروخت ہونے والی ہے اصغر صاحب نے بے اختیار ہو کر قیمت دریافت فرمائی تو معلوم ہوا کہ کم و بیش ایک لاکھ پر معاملہ

ہو سکتا ہے۔

ڈاکٹر عباد الرحمٰن خاں کو کچھ کام تھا اس لیے وہ راستے ہی سے ہم لوگوں سے معافی مانگ کر رخصت ہو گئے۔ ڈاکٹر اصغر صاحب کو یہ بات آدابِ میزبانی کی منافی نظر آئی۔ لیکن میرا خیال ہے کہ وہ گھر پر پہلے سے پہنچ کر مہمانوں کی تعداد یا کھانوں کی اقسام پر بعض ایسے لوگوں سے عرض معروض کرنے چلے گئے تھے جن کے مزاج و طبیعت سے وہ ہم لوگوں سے یقیناً زیادہ واقف تھے لیکن تحقیق کرنے پر پتہ چلا کہ وہ راستے بھر ہمارے ساتھ رہے اور ہم نے جو کچھ بیان کیا ہے وہ محض لطفِ داستاں کے لیے تھا۔

ہم ڈاکٹر صاحب کے مکان پر پہنچے۔ یہ ایک عام دستور چلا آتا ہے کہ جب کسی کے ہاں مہمان کی حیثیت سے جایا جائے اور یہ یقین ہو کہ ہم کو نہیں صرف میزبان کو ہر قسم کے اخراجات کی زیر باری نصیب ہو گی تو اپنے آپ کو مطبوع و مقبول بنانے کے لیے ہر قسم کی کوشش کرنا لازم ہے۔ ہم دونوں کو اس کا علم تھا۔ لیکن ایک دوسرے سے چھپانا چاہتے تھے۔ چنانچہ میں تو اسباب وغیرہ سے الجھا ہوا تھا۔ اصغر صاحب نے ڈاکٹر صاحب کے چھوٹے بچّہ کو اس طور پر چمکارنا اور کھلانا شروع کیا کہ میں باوجود ایک پیشہ ور "والدین" ہونے کے تھوڑی دیر کے لیے حیران رہ گیا اور معاً خیال آیا کہ جھیل میں کود پڑوں۔ لیکن جھیل دور تھی اور بچّے کے نانا قریب۔ چنانچہ زقند بھر کر ان کے پاس پہنچا اور ایک ایسا تنظیمی آداب بجالا کر دست بستہ کھڑا ہو گیا کہ تھوڑی دیر کے لیے دونوں ڈاکٹر مبہوت ہو گئے۔ نانا سے بغل گیر ہو کر نواسے سے بآوازِ بلند یوں مخاطب ہوا۔ "بیٹے اپنی والدہ سے میرا اور میری بیوی کا اور میرے بچوں کا سلام کہنا اور یہ بھی کہہ دینا کہ آپ کو علی گڑھ آنے کی دعوت دی ہے۔" ہم لوگوں کی اس مقاومت و مسابقت کا کیا انجام ہوا، اس کا اندازہ ہم کو سوا اس کے اور کچھ نہیں ہو سکا ہے کہ اصغر صاحب مجھ سے کچھ زیادہ الجھنے لگے ہیں اور ڈاکٹر صاحب کا خاندان میرا مداح ہے۔

ڈاکٹر اصغر، ڈاکٹر خان اور میں ایک ہی کمرے میں مقیم ہوئے۔ شیر و شکر جائے کی مانند۔ مجھ سے ڈاکٹر اصغر سے صلح ہو گئی تھی کچھ اس قسم کی صلح جو تیاری جنگ کا پیش خیمہ ہوتا ہے۔ میں اور ڈاکٹر اصغر اپنی اپنی چارپائیوں پر دراز ہو گئے، اور جب ڈاکٹر خان کو اطمینان

ہوگیا کہ ہم دونوں کچھ عافیت سے رہیں گے یا انھیں رہنے دیں گے تو چپکے سے اٹھ کر کہیں اور محلِ عافیت ہونے کے لیے چل دیے۔ شام کے وقت اٹھے تو معلوم ہوا کہ بارش اور جاڑا دونوں موجود ہیں۔ جاڑے سے فراغت ہوئی تو سردی تاش اور گل غپ شروع ہوئی سب سے پہلے یہ مسئلہ پیش ہوا کہ بازی کیا ہوگی؟ میں اصولاً بازی لگانے کے موافق ہوں اور عملاً مخالف۔ ڈاکٹر اصغر اصولاً اور عملاً دونوں طرح اس کے موید تھے۔ ڈاکٹر خان دونوں کے مخالف۔ چوتھے صاحب بازی لگانے کے موافق اور روپے لگانے کے مخالف۔ کھیل ہوتا رہا۔ بحث جاری رہی نتیجہ یہ ہوا کہ بحث پر سردی، سردی پر بھوک اور بھوک پر نیند غالب آئی۔ آج کا پورا دن اسی طور پر گزرا۔ شب میں بارش تیز ہوئی، صبح اصغر صاحب کو زکام اور ڈاکٹر خان کو حرارت اور مجھ کو فرحت معلوم ہونے لگی۔

اصغر صاحب صبح کو غسل کرنے کے عادی ہیں اور میں سردیوں میں اس چیز کو غیر ضروری ہی نہیں بلکہ خطرناک بھی سمجھتا ہوں۔ اصغر صاحب ہر صبح کو نہانے کے دلدادہ ہیں میں کم سے کم تیسرے دن اس مسئلہ پر غور کرتا ہوں۔ پہلی ہی صبح کو اصغر صاحب نے مجھ سے بڑے فیصلہ کن لہجے میں فرمایا کہ تم کو نہانا بھی ہوگا اور خط بنانا بھی ورنہ یہاں سے چلے جاؤ۔ علی گڑھ نباشد۔ نینی تال ہے۔ میں نے کہا دیکھیے اصول کے ماتحت بحث ہونی چاہیے میں بغیر ضرورت کسی کام کا کرنا حماقت سمجھتا ہوں۔ غسل کیوں کروں اور آپ کو کیوں کرنے دوں۔ غسل صرف اس لیے کیا جاتا ہے کہ جسم کی کثافت دور ہو یا تندرستی میں ترقی ہو۔ یعنی ضرورتاً یا تفریحاً۔ ماشاء اللہ مجھے اپنی طہارت اور پاکیزگی میں کوئی خلل نظر نہیں آتا۔ اور نہ محسوس ہوتا ہے۔ رہا تندرستی کا سوال، وہ بھی اس درجہ ہے کہ اس سے ترقی کرنا ممکن ہے نینی تال یا علی گڑھ کی رسوائی کا باعث ہو۔ خط بنانے کا اصول البتہ کچھ سمجھ میں آتا ہے یعنی خط بڑھا ہو یا نمایاں ہو تو عورتیں عاشق ہونا یا ان کے اعزا و احباب چائے پلانا بند کر دیں گے۔ عورتوں کی طرف سے مجھے اطمینان ہے جہاں تک میرا سوال ہے ان کو کبھی مجھ سے عشق کرنے کی سعادت نصیب نہ ہوئی۔ داڑھی جزو مناکحت قرار دی گئی ہے نہ وجہ طلاق۔ میں نے تو مرشد سے یہاں تک سنا ہے کہ داڑھی عورتوں کو پسند ہے!

یوں بھی کہہ سکتے ہیں کہ خط بنوانا ایک معاشرتی فعل ہے۔ اس پر عمل کرنا ضروری ہے، لیکن غسل کرنا تو قطعاً ذاتی فعل ہے۔ اس معاملہ میں میں مولویوں کا اصول زیادہ بہتر سمجھتا ہوں یعنی صرف شرعاً طاہر ہونا چاہیے۔ چنانچہ میں اس کا حتی الوسع لحاظ رکھتا ہوں۔ آپ حفظانِ صحت کے اصول کے پرستار ہیں اور میں شریعت کا پابند، مولوی کی تہبند اور مسٹر کی پتلون کا نظری جائزہ لیا جائے تو یقیناً تہبند کو نیچا دیکھنا پڑے گا لیکن خوردبین سے معائنہ کیا جائے تو معلوم ہوگا کہ دیوبند اور نینی تال میں کیا فرق ہے۔ اگر آپ کو اس سے اختلاف ہے تو ڈاکٹر خان سے رجوع کیجیے۔ وہ سنت میں مجھ سے بہتر ہیں، عقل میں آپ سے اور شکل و صورت میں مجھ سے آپ سے دونوں سے بہر یہ کہ گورنمنٹ آدمی ہیں جب تک خود ان کا معاملہ درمیان نہ ہو، ہمیشہ انصاف سے کام لیں گے۔

چنانچہ مسئلہ پیش ہوا اور جیسا کہ ایسے معاملات میں گورنمنٹ کا رویہ رہتا ہے، یعنی فریقین موجود ہوں تو کمزور کو گھڑکی اور قوی کو تھپکی اور ان میں سے ایک موجود ہو تو حاضر کو تھپکی اور غائب کو صلواتیں اور دونوں غائب ہوں تو دونوں کو احمق سمجھتی ہے۔ ڈاکٹر خان نے بھی اسی طریقہ کار کو اختیار کیا اس ترمیم کے ساتھ، یعنی دونوں موجود تھے اور دونوں احمق قرار دیے گئے۔

جب سے نینی تال پہنچے تھے۔ بارش کا سلسلہ برابر قائم تھا۔ اکثر یہ ہوا کہ کئی کئی دن مکان سے باہر نہ نکل سکے۔ اس لیے برآمدہ یا کمرہ ہی میں بیٹھے ڈاکٹر خان کے ماحضر پر اکتفا کرتے رہے، اچھا مکان، اچھا کھانا، اچھا میزبان، اچھا موسم، کوئی کام نہیں۔ نتیجہ یہ ہوا کہ میرے اور اصغر صاحب کے درمیان کشاکش شروع ہوگئی، بات یہ تھی کہ ایک دن موسم کسی قدر اعتدال پر نظر آیا۔ ڈاکٹر صاحب کو نباتات کے بعض نوادر جمع کرنے تھے اور ڈاکٹر خان کو حجری نمونے۔ مجھ سے فرمایا تم بھی چلو۔ عرض کیا کہ مجھ کو جہاں کا تہاں چھوڑ دیجیے جس نمونے کی مجھے تلاش ہے، وہ جھیل کے کنارے ہی مل جاتا ہے، دونوں نے کہا کہ ساتھ چلے چلو۔ تم بھی اپنی تلاش میں کامیاب ہو جاؤ گے اور یقیناً نہایت سستے داموں، غرض سب لوگ چلنے پر آمادہ ہوئے۔ کچھ ہی دور گئے ہوں گے کہ موسم کا تیور بدلا۔ اصغر صاحب کو یہ شکایت کہ میں نے چلنے میں دیر کی، مجھ

کو اس پر کونت کہ اصغر صاحب نے ہمت چھوڑ دی۔ بہر حال ہم سب مکان کی سمت روانہ ہوئے اور راستے بھر ایک دوسرے کو اس قدر نیک و بد سمجھاتے رہے کہ کوئی دور سے دیکھتا تو خیال کرتا کہ بعض بدمذاق برج کھیل کر واپس آ رہے ہیں، اور اب تک یہ سمجھ رہے ہیں کہ کھیل ہی رہے ہیں۔

مکان واپس آئے تو دیکھا میر مجنو جلوہ افروز ہیں۔ ڈھلے منجھے بالکل فرنچ کٹ، کرسی پر بیٹھے سگار اس طور پر پی رہے تھے، گویا ساری دنیا سے بیزار ہیں۔ میں نے کہا آداب بجا لاتا ہوں، میر صاحب تھے کہ اڑ گئے صفِ محشر لیے ہوئے۔

فرمایا کہاں ہیں ڈاکٹر عباد الرحمٰن۔ میں ہرگز یہاں نہیں رہوں گا۔ انھوں نے مجھ کو دھوکا دیا۔ یہ ان کی بد دیانتی ہے کہ تمھاری موجودگی میں مجھ کو بلایا۔ میں تمھارا منہ نہیں دیکھنا چاہتا۔ میں نے کہا میر صاحب مجھ کو بھی نہیں معلوم تھا کہ عباد الرحمٰن خاں صاحب نے ہمارے آپ کے خلاف سازش کر رکھی ہے اور ہاں بالکل بھول گیا یہ ڈاکٹر اصغر صاحب ہیں میرے بڑے کرم فرما اور آپ سے ملنے کے بے حد مشتاق۔

دونوں نے ایک دوسرے کو اس تیور سے دیکھا کہ مجھ پر ہنسی اور غشی دونوں کا عالم طاری ہوتے ہوتے رہ گیا۔ اتنے میں ڈاکٹر خان بھی آ گئے اور ہم تینوں میں اس طور بیچ بچاؤ کر دیا کہ ہم سب نے ڈاکٹر خان کے خلاف صف آرا ہونے کی ٹھان لی۔ میر مجنو نے چائے پینے اور ہنسنے دونوں سے انکار کر دیا۔ معاملات نازک ہو رہے تھے کہ میں نے دست بستہ میر صاحب سے معافی مانگی اور وعدہ کیا کہ آئندہ اگر کبھی میں ان سے مخاطب ہو کر ہنسوں، ہنساؤں یا ہنسنے والو کا منہ بناؤں، تو ان کو اختیار ہوگا چاہے وہ مجھے جیل میں ڈھکیل دیں یا خود اس میں نزول اجلال فرمائیں۔ تاہم دونوں اس قسم کی حرکت پر آمادہ ہوں۔ لیکن غصہ کا پارہ جس بلندی پر پہنچ چکا تھا وہاں سے اترنے کے کوئی آثار نظر نہ آئے یہاں تک کہ ڈاکٹر اصغر اور ڈاکٹر خان دونوں اپنی اپنی چار پائیوں پر دراز ہو گئے۔ میں نے میر صاحب کو برآمدہ میں ایک کرسی پر بٹھایا۔ ایک انگریز لڑکی بے تحاشا گھوڑا دوڑائے چلی جا رہی تھی مشکل سے دس سال کی عمر ہوگی۔ اس کے پیچھے دو تین سیاہ کتے بھی بھاگے جا رہے تھے میر صاحب پر کچھ کیفیت طاری ہوئی۔

کہ میں نے للکارا۔

میر صاحب آپ ہیں کس مغالطہ میں بھلے مانسوں کے سامنے خواہ مخواہ ماش کے آٹے کی طرح اینٹھے جاتے ہیں۔ جتنی خوشامد کی جاتی ہے اتنا ہی آپ کا دماغ خراب ہوتا ہے کسی کو مہمان رکھنے کی توفیق تو آپ کو ہوئی نہیں اور مہمان بننے کی تمیز نہیں۔ نینی تال میں آکر فوج داری کرنے کا ارادہ ہو تو بتا دیجیے۔ دیکھتے نہیں ایک شریف شخص کے آپ مہمان ہوئے ہیں۔ گھر میں بزرگ، بیوی، بچے سبھی موجود ہیں - فرض کر لیجیے ڈاکٹر خان کی بیوی نے آپ کو بدتمیز اور بد اخلاق سمجھ لیا اور انھوں نے تمام نینی تال کی عورتوں میں مشہور کر دیا کہ آپ کبھی بھلے مانسوں میں نہیں بیٹھے تو پھر کیا بات رہ جائے گی؟ اور تو جانے دیجیے یہ جس لڑکی کو دیکھ کر آپ پر ذرا دھوپ چھاؤں کی کیفیت پیدا ہونے لگی تھی، آپ کا حال سن کر آپ کے بارے میں کیا رائے قائم کرے گی۔

میر صاحب سب کچھ سنتے رہے اور پھر مسکرا اٹھے۔ کہنے لگے خیر میں تو جیا کچھ ہوں ظاہر ہے، لیکن ذرا اپنے نامۂ اعمال کے مسودے پر بھی غور کرو۔ حقیقت یہ ہے کہ تم ڈاکٹر اصغر سے ٹھیک رہتے ہو اور چونکہ وہ بھی موجود ہیں اس لیے مجھ کو اطمینان ہے کہ تم شریفانہ حدود سے متجاوز نہ ہو سکو گے۔ میر صاحب یہیں تک پہنچے تھے کہ اصغر صاحب کی آہٹ معلوم ہوئی۔ دیکھا تو پیچھے دروازے پر کھڑے سگریٹ پی رہے ہیں اور چہرے پر آثار عتاب ہیں۔ دریافت کیا کیوں صاحب یہ میرے بارے میں کیا گفتگو ہو رہی ہے۔ میں نے کہا دیکھیے میر صاحب کیا فرما رہے ہیں۔ آپ نے اپنا نام تو سن ہی لیا ہو گا۔ کہنے لگے ہاں سُنا ہے۔ میں نے کہا میر صاحب فرماتے تھے کہ اب ڈاکٹر اصغر شریفانہ حدود سے تجاوز نہ کریں گے۔ قریب تھا کہ شریفانہ حدود خطرے میں آجائیں کہ عباد الرحمٰن خاں صاحب نے نعرہ لگایا، خبردار قصور اسی شخص کا ہے جو غلط واقعات کا غلط راوی ہے۔ تم سب فوراً منتشر ہو جاؤ۔ ورنہ اس وقت کا کھانا اور دوسرے وقت کا سونا ضبط!

ایک دن میر منجھو اور موسم دونوں متبسّم نظر آئے۔ تجویز یہ ہوئی کہ آج کہیں نہ کہیں ضرور چلا جائے۔ عجیب بات یہی کہ باوجود اس کے کہ ڈاکٹر خان کے ایما سے میں نے میر صاحب کو

خائف یا ناراض کرنے کی کوشش کی، لیکن ان پر کچھ ایسی۔ کرد شن فیلنگ طاری تھی کہ ایک پیش نہ گئی۔ میر مبھو کی آمادگی نے ڈاکٹر اصغر صاحب کو بھی چلنے پر اکسایا حالاں کہ یہ دونوں پیدل چلنے اور بلندی پر چڑھنے سے اتنا ہی بیزار تھے، جتنا مجھے کسی 'بور' سے ملنے کے لیے اٹھنا تکلیف دہ ہوتا ہے غرض ایک طرف چل نکلے ڈاکٹر اصغر اور ڈاکٹر خان تو اپنے اپنے فن کی چیزوں کی تلاش اور تعریف میں انسانیت سے گزرنے لگے۔ جہاں سبزہ ہوتا تھا ڈاکٹر اصغر ایک ایک پتے اور اس کے رگ و ریشہ پر راگ اور رقص کو دخل دیتے تھے۔ دوسری طرف عریاں چٹانوں کو پاکر ڈاکٹر خان اس کی ہیئت اور ماہیت پر سر دھنتے!

میں نے کہا میر صاحب یہ دونوں تو ہاتھ سے گئے۔ آیئے ہم دونوں بھی اپنی اپنی فکر کریں۔ ایک پان کھلایئے اور اس پل پر بیٹھ جایئے۔ دیکھیے نیچے کتنا تاریک اور گہرا غار ہے۔ اور غار کی تہ میں کیا کچھ نہ ہوگا۔ آپ کچھ بتا سکتے ہیں کہ اگر ہم دونوں اس میں کود پڑیں تو پہلے کون شخص زمین پر پہنچے گا۔ میر صاحب نے فرمایا اور کون احمق اس میں کودے گا۔ میں نے کہا کودنے میں کیا لگتا ہے۔ فرض کیجیے آپ ہی کو کودنا پڑے۔ میر صاحب نے کچھ غصہ اور کچھ تحیر میں آکر جواب دیا کودنا پڑے! فرمایا میں کب آمادہ ہوں، میں نے کہا آمادہ تو میں بھی نہیں ہوں لیکن یہ میرا ذمہ ہے کہ میں آپ کو کودنے پر مجبور کردوں گا۔ میر صاحب پل پر سے نیچے اتر آئے اور فرمایا، اب کہو۔ میں نے کہا جب میں ایک کہوں تو آپ توبہ استغفار کر لیجیے گا۔ دو کہوں تو آنکھیں بند کر لیجیے گا اور تین کہوں تو کود پڑیے گا پھر جی چاہے تو آنکھیں بھی کھول لیجیے گا۔ فرمایا یہ سب کیوں اور میں کیوں ماننے لگا۔ میں نے کہا اور جو میں ہپناٹزم جانتا ہوں۔ یہ میرا ہی تصرف تھا کہ آپ پل سے نیچے اتر آئے یہ تو میرا ادنیٰ تصرف تھا۔ اگر پوری توجہ کرتا تو آپ پل کی دوسری طرف اترتے اور یہ تو معلوم ہورہا ہے کہ آپ توبہ استغفار کی نیت کر رہے ہیں: اچھا ایک' میر صاحب چونک پڑے کیونکہ نیچے سے ڈاکٹر خان نے آکر ان کی آنکھوں پر اپنی انگلیاں جمادی تھیں۔ بالآخر یہ طے پایا کہ اب کوئی شخص ایسی حرکت نہ کرے گا جس سے فن کی مہارت

ؔ ایک صاحب نے 'بور' کی کتنی اچھی اور جامع تعریف کی ہے: "شخصے کہ بے ارادہ مکلف باشد!"

اور علم کا ذوق ظاہر ہوتا ہو۔

ہم سب ایک طرف چل نکلے، راستہ تقریباً مسطح، موسم خوش گوار، اونچی اونچی سرسبز چوٹیاں، اچھلتے، بل کھاتے شفاف چشمے یا فرہاد کا خواب شیر وشیریں، راستے میں بہاام سے بدتر قلی نظر آئے. کئی میل تک باتیں کرتے چلے گئے جن کی شادی ہوگئی تھی وہ بیویوں سے دور رہنے پر مطمئن، جن کی نہیں ہوئی تھی وہ نہ کرنے پر پشیمان. کہیں بیٹھے کہیں ٹھٹکے. ایک طرف سے ابر اٹھنا شروع ہوا، دیکھتے دیکھتے ساری وادی دھندلی اور نم ہوگئی طے یہ ہوا کہ اب جلد واپس ہونا چاہیے۔ اصغر صاحب کو ایک گھوڑا مل گیا اور ہم لوگوں کو ایک چڑھائی کا راستہ جو مختصر تھا۔ اس لیے یہ طے پایا کہ زیادہ محنت اور مختصر راستہ قابلِ ترجیح ہے. کچھ ہی دور گئے تھے کہ بارش شروع ہوئی. اصغر صاحب جا چکے تھے میں میر منجھو اور ڈاکٹر خان رہ گئے تھے. کسی کے پاس نہ چھتری تھی نہ برساتی، سب نے بھیگنا اور میر منجھو نے ہانپنا کوسنا شروع کیا. طے یہ پایا کہ اگر میر منجھو کے ہمدرش وہمنان رہے تو دو قدم بھی چلنا دشوار ہوگا. اس لیے میر منجھو چھوڑ دیے گئے. ڈاکٹر خان بڑھتے چلے گئے. میں نے سوچا کہ اگر میر منجھو چھوڑ دیے گئے تو ممکن ہے کہیں کسی ایسی حرکت پر نہ آمادہ ہو جائیں جو "نقصانِ ہمسایہ وشماتتِ ہمایہ" کا موجب ہو اس لیے میں کچھ آگے بڑھ کر ٹھہر گیا. تھوڑی دیر میں میر منجھو بھی آ کر مل گئے. کچھ دیر تک ہم دونوں خاموش چلتے رہے میں نے ارادہ کر لیا تھا کہ جب تک میر منجھو خود سلسلۂ گفتگو کا آغاز نہ کریں گے میں بھی خاموش رہوں گا. بالآخر ایک طویل سانس لے کر میر منجھو نے فرمایا. بھئی برے پھنسے، اب کیا کیا جائے تم سے کہہ رہا تھا کہ چھتری لے لو. تمھارے ہی کہنے سے برساتی نہیں خریدی اب بتاؤ کیا کیا جائے اور دیکھو ڈاکٹر خان نے کیسا چرکہ دیا ہے. چڑھائی تو دیکھو، اللہ کی پناہ، لیکن ایک بات البتہ میں نے دریافت کی ہے اور وہ یہ ہے کہ چڑھائی میں سانس ناک سے لینا چاہیے. منہ سے لینے سے تو بڑی تکلیف اور تکان ہوتی ہے۔

عرض کیا میر صاحب غلطی تو ہوئی. اسی طور پر قیامت کے دن لوگ کہیں گے کہ فلاں کام کیوں نہیں کیا اور فلاں کے کہنے میں کیوں آ گئے اور دیکھیے تو قیامت اور آج کے دن میں فرق ہی کیا ہے، سورج سوا نیزے پر نہیں تو معلوم نہیں کتنے ہزار نیزے اس کے قریب آ ہی گئے

ہیں. فرق گرمی اور سردی کا ہے. لیکن آپ کو یہ معلوم ہی ہے کہ سردی جب بڑھ جاتی ہے تو گرمی کا کام کرنے لگتی ہے. یہ بھی معلوم ہے کہ قیامت کے دن مال، باپ، بیوی، بچے، دوست اعزا کام نہ آئیں گے صرف اعمالِ صالح کام آئیں گے. سو یہ چیزیں لکھنؤ ہی میں آپ کے پاس کب تھیں کہ آج ان کی سرد مہری یا بیوفائی کا شکوہ کیا جائے. ڈاکٹر خان اور اصغر صاحب پر آپ کو بڑا اعتماد تھا. انھوں نے رفاقت چھوڑ دی. آپ نہ اعمالِ صالح کے قائل تھے اور نہ میرے با اینہمہ اعمالِ صالح کے بجائے میں ظاہر ہوں. میرے لائق کوئی خدمت ہو تو بے تکلف فرمایئے. پھر قیامت میں کیا تکلف. جل کر فرمایا اور تم کسی آشوبِ قیامت سے کم ہو.

عرض کیا میر صاحب اگر آپ کے جذبات اب تک وہی ہیں جو لکھنؤ میں تھے تو مبارک ہو کہ ابھی قیامت نہیں آئی ہے اور ہم ایک دوسرے کے بیوی بچوں سے مل سکیں گے. ہنس پڑے. فرمایا بھئی کہیں ٹھہر جاؤ. میں نے کہا میر صاحب اس میں خطرہ ہے. بھیگ تو آپ کافی گئے ہیں. چلنے سے حرارت پیدا ہوتی رہتی ہے جس سے سردی کا سدِ باب ہوتا رہتا ہے. ٹھہرے تو صرف نمونیا کا اندیشہ ہے. نینی تال کا پہاڑ کچا پہاڑ بتایا جاتا ہے. اگر کوئی حصہ تقریباً آرہا تو کیسی رہے گی. فرمایا سچ کہتے ہو. لیکن چلا بھی تو نہیں جاتا. میں نے کہا چلنے کا ارادہ نہ کیجیے ارادہ کمزوری پیدا کرتا ہے. بس مجھ سے باتیں کرتے رہیے اور سمجھیے کہ چلنا بھی باتوں کا ایک جزو ہے. کہنے لگے یہ بھی تو ممکن ہے کہ ڈاکٹر خان کسی دوسرے راستے سے نکل گئے ہوں اور ہم تم دونوں راستہ بھول گئے ہوں میں نے کہا یہ نہیں ہو سکتا. جس راستے پر چل رہے ہیں وہ نہایت کشادہ اور ہموار ہے. کہیں نہ کہیں کوئی معقول آبادی اور مکانات ضرور ملیں گے. فرمایا اچھا یہ بتاؤ کس سمت چل رہے ہیں. میں نے کہا سمت کا سوال ہی بے کار ہے. بس یہ سمجھ لیجیے کہ ہم سب بلندی کی طرف جا رہے ہیں. کہنے لگے آخر بلندی کی بھی کوئی حد ہے. کب تک بلندی کی طرف چلو گے. میں نے کہا جب تک اللہ میاں یا ڈاکٹر خان نہ ملیں. میر صاحب اس پر کچھ آمادۂ نقضِ امن ہونے والے تھے کہ سامنے ایک طرف ڈاکٹر خان سگریٹ پیتے نظر آئے.

فلیٹ پر آئے تو میر صاحب کو خیال ہوا کہ لوگ دیکھ کر کیا کہیں گے. میں نے کہا میر صاحب

یہ نینی تال ہے اس قسم کے حادثات آئے دن یہاں لوگوں کو پیش آتے ہوں گے۔ مردوں سے تو کوئی اندیشہ نہیں ہے۔ آخر ہم آپ یہاں کے کس مرد سے کم خوبصورت، توانا یا آبرو باختہ ہیں رہیں لیڈیاں تو وہ ایک دفعہ آپ کو دیکھ کر ہنس تو ضرور پڑیں گی۔ لیکن بعد میں ضرور خیال کریں گی کہ ہم کتنے جری اور جفاکش ہیں کہ اس ابتلا و مصیبت میں بھی بشاش چلے جا رہے ہیں اور رہا وہ قصہ تو آپ کو معلوم ہی ہوگا۔ شیریں فرہاد۔۔۔۔

گھر پہنچے تو بچوں نے تالیاں بجائیں نوکروں نے انگیٹھیاں سلگائیں۔ کپڑے تبدیل کیے گئے۔ کھانا کھایا گیا۔ اپنی اپنی چارپائی پر دراز ہوئے۔ میر منجھو کو نیند نے جھیل میں اور اصغر صاحب کو برلن پہنچادیا۔ بیداری میں ڈاکٹر خان "اندرونِ خانہ" پہنچے۔ میں نے خطوط کی طرف رخ کیا معلوم ہوا کہ بیوی مبتپال میں بچے مکان پر ہیں۔ اور بچوں کے نانا زیر آپریشن۔ سب کو جواب لکھے۔ بیوی کو لکھا میں دوسری شادی ہرگز نہ کروں گا اور نہ یہاں اس نیت سے آیا ہوں۔ بچوں کو لکھا تم لوگ اماں بی کو پریشان نہ کروگے تو پڑھنے لکھنے سے ہمیشہ کے لیے آزاد کر دیے جاؤ گے۔ ان کے نانا میاں کو لکھا۔ مرضیٔ مولا از ہمہ اولیٰ۔ یہاں تبدیل آب و ہوا کی غرض سے آیا تھا لیکن آب و ہوا کی کچھ ایسی کثرت ہوگئی ہے کہ بیوی بچوں تک پہنچنا دشوار ہو رہا ہے۔

کچھ دیر بعد کمرے سے نکل کر برآمدہ میں بیٹھ گیا۔ جھیل میں بادبانی کشتیاں آبی تتلیوں کی مانند رقص کر رہی تھیں۔ دور سے آبشاروں کی اور نزدیک سے ان خوبصورت چڑیوں کی آوازیں آرہی تھیں جو ایک طرف لٹکتے ہوئے پنجرے میں پھدک رہی تھیں۔ کبھی خیال آتا کہ ان کو آزاد کر دیا جائے تو کیسی مسرور ہوں گی۔ ظاہر ہے کہ یہاں بہت آرام سے ہیں۔ موسم اور فضا کی بے اعتدالیوں سے بھی محفوظ ہیں۔ لیکن آزادی بھی کیا چیز ہے کہ ہر راحت اس کے سامنے ہیچ ہے۔ سامنے سڑک پر سے قلی گزر رہے تھے۔ ایک تندرست آدمی کو چار کمزور آدمی ڈانڈی میں لیے جا رہے تھے۔ ڈانڈی کا منظر بھی کس درجہ عافیت سوز ہوتا ہے۔ اس میں تو صرف عورتوں کو بیٹھنا چاہیے وہ بھی تفریحاً نہیں انتقاماً۔ مردوں کو اس سواری میں دیکھ کر اکثر جی میں آیا کہ ان کے ہاتھ پاؤں باندھ کر ان کے درمیان سے ایک ڈنڈا نکال دیا جائے جس کے دونوں سروں کو قلی اٹھالیں اور ان سے کہہ دیا جائے کہ اس زندہ لاش کو نینی تال کی سب سے بلند چوٹی پر لے جاکر

اس طور پر پھینکیں کہ یہ جھیل کے عمیق ترین حصّہ میں جاگرے۔

معاشرت اور معیشت کے بھی کیا کرشمے ہیں جن کے سامنے آج یورپ کی بازیگری بھی مات ہے۔ سرمایہ اور مزدور کی کشاکش، حسن وعشق کی کشاکش سے کچھ زیادہ پرآشوب نظر آرہی ہے، لیکن یہ وہ مسائل ہیں جن کو مجنوں اور مسولینی بھی حل نہیں کر سکے ہیں۔ شاید یہ حل ہونے کے لیے بنائے بھی نہیں گئے ہیں، ان کے حل ہونے پر ممکن ہے بہت سے حل شدہ مسائل لاینحل ہوجائیں۔

سردی اور بڑھی اندر سے ایک کمبل لایا۔ اوڑھ کر اس طور پر بیٹھا کہ دوسرے کو صرف کمبل اور عینک نظر آئے اور مجھ کو سارا نینی۔۔۔۔۔ تال۔۔۔۔۔۔ (کچھ نہیں!)

کچھ کا کچھ!

عشّاق اور انگریز دو قومیں ایسی ہیں جو نہ تعزیراتِ ہند سے ڈرتی ہیں نہ میونسپلٹی سے۔ انگریز تو ممکن ہے اس لیے نہ ڈرتے ہوں کہ تعزیراتِ ہند اور میونسپلٹی دونوں ان کی آوردہ ہیں، عشّاق یوں نہیں ڈرتے کہ رزق اور موت دونوں سے بے نیاز ہیں۔ انگریزوں کو آئی سی ایس نے خراب کیا عشّاق کو شعراء نے۔ بعض لوگوں کا خیال ہے کہ اگر ہندوستان کو شعرا اور آئی سی ایس کے اثر سے آزاد کر دیا جائے تو بہت ممکن ہے سوراج مل جائے یعنی انگریزوں میں عشّاق اور عشّاق میں انگریز بننے کی صلاحیت پیدا ہو جائے۔

عشّاق کی تاریخ کا پتہ لگانا دشوار ہے۔ ان کی تفتیش یا ان کا تدارک نہ سائنس سے ممکن ہے نہ میونسپلٹی سے۔ کسی چیز کا پتہ تین ہستیاں لگا سکتی ہیں۔ پولیس، پروفیسر، مولوی، لیکن دقّت یہ آن پڑی کہ پولیس نے تفتیش کرنے سے اس بنا پر انکار کر دیا کہ عشّاق کا مسئلہ پولیس سے نہیں بلکہ محکمۂ حفظانِ صحت سے تعلّق رکھتا ہے۔ پروفیسر ہر بات کی ابتدا آکسفورڈ اور کیمبرج سے کرتا ہے۔ مولوی آدم اور جنّت سے۔ رفعِ شر کی خاطر چاہا تھا کہ مولوی اور پروفیسر

دونوں کے بابا آدم کو مشرک قرار دے دوں، لیکن مشکل یہ آن پڑی کہ آکسفورڈ اور کیمبرج میں بابا آدم اور جنت نہیں ملتے، دوسری طرف بابا آدم اور ان کی جنت میں آکسفورڈ اور کیمبرج کا پتہ نہیں۔

اس تحقیق و تفتیش کے دوران میں ایک بزرگ سے ملاقات ہوئی۔ کہنے لگے میں آپ کے بابا آدم سے واقف ہوں۔ ہم دونوں ہم وطن اور ہم مکتب تھے اور آپس میں نہایت دوستانہ تعلقات رکھتے تھے۔ بعض جی حضوریوں نے ہم میں اختلاف پیدا کرادیا، اور اب اس اختلاف نے یہاں تک طوالت کھینچی ہے کہ ایک طرف یونیورسٹیاں قائم کی جانے لگی ہیں، دوسری طرف ہم کو گالیاں دی جاتی ہیں۔ آپ کو شاید نہیں معلوم کہ مولوی اور پروفیسر دونوں کے باوا آدم کا ایک ثابت کرنا اتنا مفید یا دلچسپ نہیں ہے جتنا مجھے ان دونوں کا چچا قرار دینا۔ اخی آدم میرے بڑے بھائی تھے۔ لیکن نہایت سادہ لوح، ضدی اور جاہل، ذرا یہ کرشمہ ملاحظہ فرمایئے گا۔ نہ بندوق اپنی نہ نشانہ اپنا نہ ارادہ اپنا نہ مقصد اپنا صرف اپنے کندھے پر رکھ کر چھوڑ والی۔ ان کی اس حرکت سے کتنا بڑا ہنگامہ بپا ہوگیا۔ اب جو کہتا ہوں کہ میاں یہ کیا کیا، تو کہتے ہیں کہ ہم خلاصۂ کائنات ہیں۔ میں نے کہا اور یہ خاکسار! لال پیلے ہوکر فرمایا، شیطان۔ میں نے کہا، خوب جنت نباشد، یہ دنیا ہے جہاں مولوی، اور پروفیسر اور تعزیرات ہند اور ملیریا اور بیوی بچوں سے پالا پڑے گا۔ یونیورسٹی میں تعلیم دی جائے گی۔ اسپتال میں ولادت ہوگی، اپالو اور چوپاٹی پر بیویاں ملیں گی۔ دفعہ ۱۴۴ میں چالان ہوگا۔ سری گنیش آنمہ! جھلا کر بولے تو کافر ہے، جہنم کا ایندھن بنے گا۔ میں نے کہا، ایسی بات منہ سے نہ نکالو، شاخ طوبیٰ پر لٹکنے والوں کو حق نہیں حاصل کہ وہ جہنم کے ایندھن کا مضحکہ اڑائیں۔ میں تو خیر جہنم بردوش ہوں آپ بھی تو آکسفورڈ بلا مال ہیں۔ میں جہنم میں چلا جاؤں گا، آپ بھی کیمبرج سے کبھی نکل سکیں گے یا نہیں؟ فرمایا استغفراللہ میں نے کڑک کر کہا بس بس یہی منہ سے نہ نکالنا، نرے مولوی ہی معلوم ہوتے ہو نہ سمجھتے ہو نہ سمجھنے دیتے ہو۔ اور کوئی سمجھاتا ہے تو الف ہوتے ہو۔ میاں استغفراللہ کہنے کا تو وقت تھا جب انہوں سے سجدہ کرانے کی فرمائش کی گئی تھی، ایک اپنی خاطر ساری جماعت کی جگ ہنسائی کرائی۔ خلاصہ کائنات؟ کیا یہ بھی کوئی تعلیمی ڈگری تھی، کہ جب تک کوئی دے یا نہ دے قابلیت

کا معیار ہی نہ متیقن ہو سکے۔ کیا خلاصۂ کائنات ہونے سے پہلے کچھ اور تھے، تمھارے اس بے اختیارانہ اور بے کسانہ استغفراللہ پر ان کو بھی ندامت ہوتی ہے، جن کی پناہ پکڑنے پر اتنے دلیر ہو!

اپنے کو جو جی چاہے کہتے رہیے لیکن مسئلہ کی نوعیت 'کھیل کھلاڑی کا پیدا ری کا' سے آگے نہیں بڑھتی۔ کھیل کھیلنے پر آپ مجبور ہیں۔ کمالِ فن پر داد ملتی ہے، خوش ہیں کہ کمال آپ کا ہے۔ لیکن یہ آپ کی صریح لیکن مقتدر گمراہی ہے۔ کمال آپ کا ہوتا تو اپنے کمال کے اظہار پر اتنے مستعد نہ ہوتے، جتنا دوسروں کے کمال کا اعتراف کرنے پر آمادہ۔ کچھ ترش رو ہو کے فرمایا تو پھر گویا تمھارے کمال کی داد دوں۔ میں نے کہا تمھارے داد نہ دینے سے میری اہمیت میں کوئی فرق نہیں آتا، تمھارا خلاصۂ کائنات ہونا دوزخ کے اندیشے اور جنت کی ہوس پر منحصر ہے۔ دوزخ اور جنت نہ رہے تو تمھارا اشرف المخلوقات ہونا مہمل تر ہو جائے یہ تو بالکل ایسا ہے جیسا ہندوستان کا امن برطانوی اقتدار پر ہے۔ انسان ایک مقدس گمراہی میں مبتلا ہے جس کو وہ مذہب قرار دیتا ہے اور جس چیز کو وہ نہ سمجھتا ہے اور نہ سمجھنا چاہتا ہے اس کو مذہب کے حوالہ کر دیتا ہے۔ مذہب کو تم اپنے اور خدا کے درمیان ایک معاہدہ قرار دیتے ہو، حالانکہ وہ تمھارے اور خدا کے درمیان زیادہ سے زیادہ صرف ایک مفاہمہ ہے اور مفاہمہ کے لیے فریقین کا ہم سطح ہونا ضروری نہیں ہے۔ تم نے خدا کی جو حیثیتیں تسلیم کر لی ہیں اس کے اعتبار سے تم کو فریق بننے کا اختیار بھی حاصل ہونا چاہیے اس اعتبار سے معاہدہ اور مفاہمہ دونوں بے معنی الفاظ ہو جاتے ہیں۔ مذہب کی ابتدا انسان کے اولین اعترافِ شکست سے ہوئی تھی اور یہ گندم خوری اس کا اظہارِ معذرت تھا۔

تھوڑی دیر تک تو ہمارے سادہ لوح برادرِ مکرم پیچ و تاب کھاتے رہے لیکن چونکہ ان کو اس کا یقین تھا کہ میرے لیے ان کی خوشی اور ناخوشی دونوں کوئی حیثیت نہیں رکھتی تھیں، کچھ سنجیدہ بنے اور اس متفکرانہ لیکن بر خود غلط طریقہ سے آمادۂ گفتگو ہوئے گویا کہ جو کچھ کہہ رہے تھے اس سے کہیں زیادہ علم کا ذخیرہ ان کے ذہن و دماغ میں محفوظ تھا۔ فرمایا انسان کا کسی چیز کا نہ سمجھنا اس کی کمزوری کیوں ہو۔ کسی واقعہ کا سمجھنا یا نہ سمجھنا

یہ سب اپنی اپنی جگہ پر ایک حیثیت رکھتے ہیں۔ انسان کسی چیز کو نہ بھی سمجھے پھر بھی وہ انسان ہے اس کا پیغمبر، جنرل، مصنف، یا اس قبیل کی کوئی اور چیز ہونا اس کے انسان بننے کے لیے ضروری نہیں ہے۔ انسان بجائے خود محض انسان ہونے کا شرف حاصل کر سکتا ہے۔ میں نے ان سے زیادہ استغنا کے ساتھ جواب دیا اور اس طور پر گویا وہ میری بات کو مہمل سمجھ کر بھی اس کو مہمل ثابت نہیں کر سکتے تھے۔ میں نے کہا آپ کی دلیل تو ایسی ہی ہے جیسے سی آئی ڈی ہر حال میں سی آئی ڈی ہے خواہ وہ جرم یا مجرم کا پتہ لگا سکے یا نہیں فرمایا اور نہیں تو کیا، میں نے عرض کیا گویا انسان ہونا آپ کا پیشہ ہے کارنامہ نہیں! یہ جملہ یا جرعہ ان کے ظرف کی ساری وسعت پر محیط ہو کر چھلک گیا۔ سنتے ہی اصلیت پر اتر آئے۔ کہنے لگے بدمعاش اب ذاتیات پر اتر آیا۔ ابھی تو سی آئی ڈی پر دانت لگائے ہوئے تھا۔ اب شاید تیرا دوسرا وار آئی سی ایس پر ہوگا غدار کہیں کا۔ میں نے کہا سی آئی ڈی کے جواز میں کوئی دلیل نہیں پیش کر سکتے تو آئی سی ایس کی کب تک خیر منا سکو گے۔ جس سے معاشرت کا بار نہ اٹھایا جا سکے، مذہب کا جوا کیوں گلے میں ڈالے۔ غدار اسے کہتے ہیں جس نے غدار ہونے یا نہ ہونے کی ذمہ داری لی ہو۔ میں غدار نہ ہوتا تو تم خلاصہ کائنات کیسے ہوتے، لیکن انصاف شرط ہے۔ اس کائنات کا جس کے تم خلاصہ قرار دیے گئے ہو، اولیں غدار کون ہے تم یا میں؟ تم مسجود بنائے گئے اور میں مردود۔ لیکن کس بنا پر۔ کہو گے مشیت ہی یہی تھی۔ میں کہتا ہوں مشیت الٰہی کو تم سمجھے نہیں اور یہی نہیں بلکہ تم میں اس کے سمجھنے کی اہلیت ہی نہیں تھی اس لیے کہ خود غرض بھی تھے اور احمق بھی۔ خود غرض یوں کہ تم نے غور تو کیا ہوتا تم میں مسجود ہونے کی کون سی بات تھی۔ کسی کے کہہ دینے سے تم اس منصب کے اہل کب ہو گئے اور احمق یوں کہ سمجھتے تھے کہ دوسرے بھی احمق ہیں۔ بہر حال تم نے خود غرضی اور حماقت سے خان بہادری حاصل کر لی۔ میں نے تم کو سجدہ کرنا تمھارے پیدا کرنے والے کی توہین سمجھی لیکن تم اس کے سوا کر ہی کیا سکتے تھے۔ تمھاری تخلیق کا بنیادی اصول ہی کمزور تھا۔ آستانہ پہلے سے موجود تھا پھر آخر جبیں کہاں سے لائی جاتی، وہ تم نے پیش کر دی۔ کرنے کو تو فرشتوں نے بھی سجدہ کیا اور تم کو کیا، لیکن ایسے آستانہ کی محرومی بھی قابلِ رحم ہے جو جبینوں کا محتاج ہو۔ میں نے سجدہ کرنے سے انکار کر دیا۔

تم اس حقیقت کو کبھی نہ سمجھ سکو گے کہ میرے انکار نے تمہارے خدا کی بہترین صفت اور پوشیدہ ترین راز کو برافگندہ نقاب کر دیا۔ میلادِ آدم نے توارِ الٰہیہ کو مضمحل کر دیا تھا انکارِ ابلیس نے ان کو شگفتہ بنا دیا۔ انکارِ ابلیس ایک آئینہ تھا جس میں حقیقت نے پہلی بار حقیقت کو پہچانا۔ لیکن آپ تو ظالم اور جاہل قرار دیے گئے ہیں۔ یہ باتیں کب ذہن میں آئیں گی۔ اچھا یہ سب جانے دیجیے آخر یہ کیوں لازم آتا ہے کہ جب تک کوئی سجدہ نہ کرے اس وقت تک کوئی معقول نہ ہو اور جب تک کوئی مسجود نہ ہولے اس وقت تک وہ معتقد نہ ہوسکے۔ میرے سجدہ نہ کرنے سے آپ اشرف المخلوقات کیوں کر ہو گئے؟ اگر آپ کا اشرف المخلوقات ہونا محض اس بنا پر ہے کہ میں مردود ہوں تو آپ کی حالت یقینی قابلِ رحم ہے اور میرا سجدہ نہ کرنا میرے لیے انتہائی فخر۔ آپ کی سب سے بڑی گمراہی یہ ہے کہ آپ نے اپنا برا یا بھلا ہونا دوسروں کے برے یا بھلے ہونے پر منحصر رکھا ہے۔

اخی آدم اب گھبرائے، کہنے لگے۔ بھائی ان کو نہیں پکڑتا جن کا یہ سب کھیل ہے آخر اتنی دیر سے مجھی سے کیوں الجھا ہوا ہے۔ اخی آدم کی یہ معقول اور ناگزیر پسپائی مجھے پسند آئی۔ میں نے کہا ذرا قریب آؤ کان میں کہنے کی بات ہے۔ کوئی مولوی نہ سن لے ورنہ میری اور تمھاری دونوں کی خیر نہیں۔ سب سے پہلے مجھے تعلیم یافتہ اور تمھیں شیطان قرار دے گا۔ اخی آدم کے کچھ تیور بدلنے لگے تھے کہ میں نے فوراً کہا بھائی جان اچھی بات ہے میں نہیں آپ ہی تعلیم یافتہ سہی، اتنا سن کر اس طور پر مسکرائے اور ساتھ ہی ساتھ اظہارِ انکسار فرمایا جیسے کوئی پیشہ ور شاعر اپنے کلام کی داد پر اظہارِ فروتنی کرتا ہوا اور داد دینے والے کو اس حرکت پر خجالت بھی آئے اور غصہ بھی۔ بہر حال اب آدم انتہائی خلوص اور اعتقاد کے ساتھ میری بات سننے کے لیے آمادہ ہوئے۔ مجھے خیال آیا کہ ہندوستان میں سوراج اور تعلیم یافتہ بیویوں کے ہنگامہ سے کسے کب فرصت ہو، آؤ جو کچھ کہنا ہے ان سے کہہ دو مرد معقول معلوم ہوتے ہیں۔ مریض و مفلس ہیں۔ متعدد بچے اور ایک ہی بیوی ہے۔ ممکن ہے راہِ راست پر آجائیں۔ ورنہ بقول شخصے ممکن ہے کسی ایسے سے سابقہ پڑتا جو خود جاہل ہوتا بری پروہ نہ کرتی ہوتی۔ میں نے کہنا شروع کیا۔

"سنو حقیقت یہ ہے انسانیت مکمل نہیں ہے اور نہ مکمل ہو سکتی ہے یہ تمام کائناتِ عالم منشائے الٰہی اور قدرتِ الٰہی کی باہمی اور مسلسل کشمکشِ تفوق کا نتیجہ ہے. خدا سب سے بڑا "آئیڈیلسٹ" ہے اور تم جانتے ہو آئیڈیلسٹ کی سب سے بڑی محرک...."

"اللہ اکبر، اللہ اکبر، اللہ اکبر" پاس کی ایک شکستہ مسجد سے تکبیرِ اذاں بلند ہوئی اور پھر کچھ نہ سنائی دیا کہ اخی آدم اور ابلیس کے مکالمہ یا مجادلہ کا کیا انجام ہوا۔

"سلام ہو نجد پر[1]"

یونیورسٹی کا نیا سشن شروع ہوتا ہے تو اربابِ یونین ایک خاص صحبت "یونین ڈے" یا "یونین ویک" کی منعقد کرتے ہیں اور اس تلاش میں نکلتے ہیں کہ کسی پرانے گنہ گار کو پکڑیں جو ان کو "قصۂ سکندر و دارا" یا "حکایتِ مہر و وفا" سنائے۔ اس سعی و تلاش میں ان کو کبھی کبھی پرانے زمانے کے عجیب الخلقت جانوروں کے ڈھانچے جہاں تہاں مدفون مل جاتے ہیں جن سے وہ کسی ماہرِ حجریات کی طرح اندازہ لگاتے ہیں کہ اس سرزمین پر کیسے کیسے جانور بستے تھے اور گردشِ لیل و نہار و فشارِ روزگار سے کیا ہو گئے۔ اپنا شمار اب انھیں حجری آثار میں کرنے لگا ہوں۔

میرا تو یقیناً اب یہی مصرف رہ گیا ہے کہ اس دانش گاہ کے رستم و اسفندیار اور

---

[1] "سلام علی نجد ومن حل بالنجد فانہم حلو ابقلبی علی البعد" (ابن الذیبہ)

(سلام ہو نجد پر اور نجد میں رہنے والوں پر باوجود دوریِ مکان وہ میرے دل میں جاگزیں ہیں)

قیس و فرہاد کی رزم و بزم کی داستانیں سنایا کروں۔ لیکن اس خیال سے ڈرتا بھی رہتا ہوں کہ ایسا تو نہیں کہ اس یونین اور ارباب یونین کا بھی یہی وظیفہ رہ گیا ہو کہ وہ داستانیں سنایا کریں۔ یہ بھی غنیمت ہے کہ آج اپنی ہی داستان سنانے کے لیے اکٹھا ہو جاتے ہیں۔ کسے معلوم انقلاب روزگار یا شامتِ اعمال سے کل کس طرح کے افسانے سننے سنانے کی نوبت آئے لیکن کچھ ہو یہ بات یاد رکھنے کی ہے کہ جو قوم صرف افسانے کہنے سننے پر اتر آتی ہے وہ جلد ہی خود افسانہ بن جاتی ہے۔ افسانوں سے زندگی نہیں بنتی زندگی سے افسانوں میں جان آتی ہے۔

یوم، ہفتہ، جوبلی منانے، جلوس نکالنے اور نعرہ لگانے کی تقریبیں بہت عام و مقبول ہیں۔ خاکم بدہن ان کو برا کہہ کر دوسروں کی اور اچھا بتا کر اپنی نظروں سے گرنا نہیں چاہتا .. سلطانیِ جمہور کے زمانے میں حق کو ناحق، ناحق کو حق، خوب کو زشت اور زشت کو خوب منوانے کا ایک طریقہ یہ بھی ہے آج یونین ڈے ہے۔ کل سر سید ڈے تھا۔ آئندہ یومِ مریخ آئے گا۔ یہاں تک کہ ایک دن روزِ جزا آ جائے گا۔

حضرتِ اکبر کے عہد میں مرنے کے بعد فاتحہ ہوتا تھا اور احباب پلاؤ کھاتے تھے اکبر سر سید کے ہم عصر بھی تھے۔ نکتہ چیں بھی۔ ممکن ہے اسی بنا پر سر سید نے موت اور اکبر دونوں کے علی الرغم پلاؤ کھانے کے لیے مرنے اور فاتحہ دونوں کی شرط ختم کر دی ہو اور اس کے لیے کالج کے بورڈنگ ہاؤسوں میں صرف دوشنبہ کا دن مقرر کر دیا ہو جو مدتوں اور شاید اب بھی، یومِ بریانی، کے نام سے معروف ہے۔ آج کل کے طلبہ کا معلوم نہیں بریانی کے معاملہ میں کیا رویہ ہے میرے زمانے میں تو اس سے لوگ اتنے سیر یا بیزار اور اکبر کی بشارت سے اتنے خائف ہو گئے تھے کہ ورثا کو وصیت کر جاتے تھے کہ ان کے مرنے کے بعد فاتحہ ضرور ہو لیکن بریانی بالکل نہ ہو۔

سر سید ڈے پہلے کبھی اس دھوم سے نہیں منایا جاتا تھا جیسا کہ اب منایا جاتا ہے دن میں تقریریں، شام کو چراغاں، رات میں کھانا۔ اس پروگرام کی آخری مد سب سے زیادہ خلوص اور سب سے جلدی پوری کر لی جاتی ہے۔ اکثر اس اندیشے سے کہ کہیں کھانے کی مقدار اور ناخواندہ

مہمانوں کی تعداد کا حساب لگانے میں منتظمین سے چوک نہ ہوگئی ہو۔ اس طرح کی دعوتوں میں شرکت کرنے والے بجا طور پر اس طرح سوچتے ہیں کہ اگر انسان کو جیسے کبھی کبھی میزبان کے فرائض بھی انجام دینے پڑتے ہیں، خطا و نسیان سے مرکب ہوتا ہے تو مہمان بھوک پیاس سے مغلوب ہی نہیں مشتعل بھی ہو سکتا ہے۔

خیال ہے کہ کھانے والوں کو اتنی اور ایسی بندھی ٹکی تقریریں سننی نہ پڑا کریں تو کھانے کے ساتھ وہ ایسا سلوک نہ کریں جیسا کہ دیکھنے میں آتا ہے۔ ہر سال اور سالہا سال صرف سر سیّد پر تقریر ہونے کے بجائے اگر "سر سیّد میموریل لکچرز" ہوا کریں جس کے لیے باہر سے اکابرِ علم و فن معقول معاوضے پر مدعو کیے جائیں، جیسا کہ بڑے بڑے علمی اور تہذیبی اداروں میں عام طور پر ہوا کرتا ہے تو یہ تقریب زیادہ مفید و مقبول ہونے کے علاوہ یونیورسٹی کی مستند مطبوعات اور قابلِ قدر روایات میں معتد بہ اضافہ کا موجب ہوگی۔

اس کے علاوہ، لیکن اس ضمن میں تقریب سے کافی دنوں پہلے سر سیّد اور علی گڑھ کی گوناگوں تاریخی خدمات یا نامور اولڈ بوائز کے کارناموں پر اپنے طالب علموں کو مقالہ یا نیچر وغیرہ لکھنے کی دعوت دی جائے۔ اس کا معاوضہ اچھا اور معیار بلند ہو۔ جن طالب علموں نے اپنی علمی استعداد اور اخلاقی کردار سے اس ادارے کی نیک نامی اور اس کے بنیادی مقاصد کے حصول میں سب سے زیادہ اور نمایاں خدمات انجام دی ہوں ان کو سر سیّد کے نام نامی سے منسوب معقول انعام دیے جائیں اور تقسیم انعامات کی تقریب اس مہمانِ محترم کے ہاتھوں انجام پائے جو اس سال سر سیّد میموریل لیکچرز کی تقریب کے لیے مدعو اور موجود ہوں۔

اس طرح سے یونیورسٹی کے پروگرام کا علمی و تہذیبی ارتباط باہر کے مشاہیرِ علم و فن سے بڑھے گا، طلبہ میں لکھنے اور سوچنے کا ملکہ پیدا ہوگا، اپنے ادارے سے عقیدت بڑھے گی اور ایک بہت اچھی روایت کا آغاز ہوگا۔ اس میں دو چار ہزار روپے سالانہ سے زیادہ صرف نہ ہوگا جو ہم بادنیٰ اشتعال یوں بھی کر دیا کرتے ہیں۔

"یومیات و طعامیات" کے پروگرام سے کہیں سابقہ ہوتا ہے تو اکثر مولوی نذیر احمد کی

توبۃ النصوح کا وہ حصہ ذہن میں تازہ ہو جاتا ہے جہاں خواب میں نصوح نے مرحوم باپ کو خدا کی عدالت میں اپنے اعمال کی جواب دہی کے لیے موجود وسراسیمہ پایا۔ بیٹے نے حیرت میں آکر پوچھا حضور نے تو دنیا میں اتنے اور ایسے ایسے کارِ خیر انجام دیے تھے پھر یہاں جوابدہی کے لیے کیسے حاضر ہونا پڑا! باپ نے جواب دیا کہ وہ اعمال کچھ اور طرح کے ثابت ہوئے لیکن یہ تو بتاؤ تم لوگوں نے میری مغفرت کی دعا بھی مانگی یا اس طرح کا کوئی اہتمام کیا؟

نصوح کا جواب سنیے:

"جناب آپ کے انتقال کے بعد رونا پیٹنا تو بہت کچھ ہوا۔ اب تک اس شدّ ومد کے ساتھ ہوتا ہے کہ گویا آپ نے ابھی انتقال فرمایا ہے اور یہ رونا تو ہم لوگوں کے دم کے ساتھ ہے۔ آپ کی عنایتیں، آپ کی شفقتیں جب تک جییں گے، یاد کریں گے۔ رسمِ دنیا کے مطابق آپ کا کھانا بھی برادری میں تقسیم کر دیا ہے۔ لوگ میرے منہ پر شاید خوشامد سے کہتے ہوں مگر کہتے تھے کہ اس مہنگے سے میں باپ کا کھانا اچھا کیا۔ دعا کے بارے میں غلط بات کیوں کر عرض کروں اہتمام نہیں ہوا۔ آپ کے بعد ترکے اور میراث کے ایسے جھگڑے پڑ گئے کہ آج تک نہ سلجھے"

زندگی کے المیہ کو طربیہ کی فضا میں جس ماہرانہ اور معروضی انداز سے یہاں نذیر احمد نے پیش کیا ہے یہ انھیں کا حصہ ہے۔ نذیر احمد اس زمانے کے ہیں جب المیہ، رزمیہ، طربیہ، اور تنقید وغیرہ کے اسرار و رموز سے نہ وہ واقف تھے نہ ان کے قارئین۔

عربی شعر کا مشہور مصرعہ جس کا پہلا ٹکڑا اس مضمون کا عنوان ہے، بہت سے ان لوگوں کی زبان پر بھی آتا ہوگا جو میری طرح نہ عربی سے واقف ہوں گے نہ بعض دوسروں کی مانند عربوں سے۔ اس سے اندازہ کر سکتے ہیں کہ شاعر کس طرح زندگی و زمانے کے ایک آنی و فانی لمحے کو گرفت میں لے کر اس کو ثبات و دوام بخش دیتا ہے۔

قصہ صرف اتنا ہے کہ نجد سے گزرتے ہوئے ایک "بے برگ و سامان" قافلہ کو بیتے ہوئے وہ دن اور وہ یارانِ باصفا یاد آتے ہیں جن کے ساتھ کبھی اس نے وہاں کچھ وقت گزارا تھا اور رزم و بزم کے وہ واقعات تازہ ہو گئے جو شاہراہِ حیات کے ہر راہ رو کے لیے مقدّر ہیں خواہ وہ متمدّن ہوں یا غیر متمدّن سیاہ ہو یا گورا دور ہو یا نزدیک

مفلس ہو یا تونگر، ماضی میں رہا ہو، یا حال میں ہے، یا آئندہ آئے گا، اسی آغاز و انجام کے ساتھ جو قیسِ عامری اور دوسرے "عاشقانِ پاک طینت" کو پیش آئے اور آتے رہیں گے اتنی سی بات کو شاعر نے کیا بنا دیا اور کہاں سے کہاں پہنچا دیا!

عرب کے یہ جاوداں پیہم دواں ہر دم جواں، صحرا نشین و صحرا گرد بھی کیسی مخلوق تھے شاید اب بھی ہوں جو زمانے کے شب و روز کو خاطر میں لاتے، زندگی کے گزشتنی و گزاشتنی ہونے کو، مجادلہ ہو یا معانقہ، اُن سے اس طرح ساز و ستیز کرتے جیسے "اب نہیں تو کبھی نہیں" جو حال کو ماضی اور مستقبل دونوں کا حاصل سمجھتے، وہ حال جو ماضی اور مستقبل دونوں سے زیادہ ناپائیدار گریز پا ہوتا ہے۔

کہیں ایسا تو نہیں کہ اسی طرح کے حال سے ماضی کو توانائی اور مستقبل کو تازگی ملتی ہو اور یہ مان لیا گیا ہو کہ بدوی اقوام کبھی مٹ نہیں سکیں اور کیا معلوم

خاص ہے ترکیب میں قومِ رسولِ ہاشمی

میں اسی کی بشارت دی گئی ہو۔

کالج کی گزرگاہوں سے جب کبھی گزرتا ہوں تو بے اختیار "نجد" اور "یارانِ نجد" یاد آتے ہیں اور اس نجد کا کون ساقیس ایسا ہوگا جو یہاں سے "سلام علی نجد و من حل بالنجدہ" کہے بغیر گزر جاتا ہوگا۔

کبھی کبھی جب ہوا میں "شراب کی تاثیر" نہیں ہوتی یا برائے نام ہوتی ہے تو سرسید ہاؤس کی طرف نکل جاتا ہوں۔ یہ سارا علاقہ سالہا سال سے کسٹوڈین کے قبضے اور گھوسیوں اور مویشیوں کے تصرف میں رہا ہے۔ سرکاروں، درباروں میں ہماری کتنی "سعی صفا و مروہ" کے بعد جہاں فریقین کبھی کبھی "رجم نجار" پر بھی اتر آتے تھے۔ یہ قضیہ روبراہ ہوا اور سرسید ہاؤس، متعلقہ اراضی اور مکان کی واگزاشت کے لیے مطلوبہ رقم خطیر (۲۸۷۲۶۱ روپے) یونیورسٹی نے سرکاری خزانے میں جمع کر دی۔ قبضہ مل جائے تو اسکیم یہ ہے کہ سرسید کی عظیم شخصیت اور تاریخ آفریں خدمات کے شایانِ شان ایک یادگار تعمیر کی جائے۔ خدا وہ مبارک دن جلد لائے۔

لیکن اس وقت یونیورسٹی میں اتنی کس مپرس، شکستہ، ویران اور غلیظ جگہ کہیں نظر نہ آئے گی

یہ کھنڈر نہیں سلم (SLUM) ہے۔ کھنڈر ہوتی تو اس کی بڑائی کرتا۔ ویرانے ہم سب نے دیکھے ہیں یہ تاریخ کے بڑے خاموش، پائندہ اور مستند دستاویز ہوتے ہیں۔ بقولِ اقبال ان میں عبرت، عظمت اور دل آویزی ملتی ہے۔ کبھی کبھی یہ اپنی اصل سے زیادہ اہمیت حاصل کر لیتے ہیں سلم کی بڑائی کیسے بیان کی جائے جہاں نجاست، غلاظت، جہالت اپنا اپنا ڈیرہ ڈالے ہوں اور طرح طرح کے جرائم، ذمائم اور بیماریوں کے امکانات پیدا ہوتے اور پنپتے ہوں۔

سرسید ہاؤس کے اسٹیج پر کیسی کیسی نیک نہاد اور نامور ہستیاں نمودار ہوئیں اور کیا کر گئیں۔ ان کے نام اور ان کے کارنامے کون سنائے۔ کب تک سنائے اور کہاں تک سنائے۔ یہاں سرسید اور ان کے رفقاءِ کرام نے اپنی جدوجہد، حسنِ خیال اور حسنِ عمل کے کیسے کیسے قطب مینار، لال قلعے، جامع مسجد، تاج محل سوچے اور بنائے جن کو ہم علی گڑھ تحریک، مسلم یونیورسٹی، اصلاحِ اخلاق و معاشرت اور جدید اردو میں دیکھ اور پرکھ سکتے ہیں اور جنہیں ہم آج ہی نہیں ہمیشہ قوم اور ملک میں دور دور تک ارجمند سمجھے گئے اور سمجھے جائیں گے۔

صدر دروازے کے داہنی پہلو پر سپید سنگِ مرمر کی لوح پر یہ عبارت کندہ ہے۔

This House was Occupied

by

Sir Syad Ahmad, Khan Bahadur LL.D., K.C.S.I.

Founder of

Mohammadan Anglo-oriental College

Born, 1817 Died 1898

جو ایسی شگفتہ اور شنگرف نظر آتی ہے جیسے ابھی ابھی نصب یا تصنیف کی گئی ہو۔ لیکن اس فضا میں یہ کتبہ اور لوح دونوں بڑی تکلیف دہ اور تمسخر انگیز معلوم ہوتی ہیں اور زندگی کے بے بود ہونے کا ایک ناقابلِ بیان احساس ہونے لگتا ہے۔ زندگی کتنی ہی آنی و فانی اور اس کے ناپائدار ہونے کا احساس کتنا ہی فطری کیوں نہ ہو، ان نیک و برگزیدہ ہستیوں کی خدمات کے مقابلے میں ان کی کوئی اہمیت نہیں جنھوں نے قوم کو سدھارنے، سنوارنے اور سربلند کرنے

میں اپنی زندگی قربان کردی ہو۔

خاقانی نے خرابۂ مدائن کو دیکھ کر اپنا پورا قصیدہ اس ایک مصرعہ میں سمودیا۔

ما بارگہِ دادیم این رفت ستم برما !

کاش یہی مصرعہ سرسید ہاؤس کے دروازے کے بائیں پہلو پر نقش کردیا جاتا لیکن اس کی ایسی ضرورت بھی نہیں جب یہاں کا چپّہ چپّہ زبانِ حال سے پیہم یہ مصرعہ اٹھارہا ہو۔ اس قصیدے اور اس مصرعے کے بقائے دوام میں کس کو شبہ ہو سکتا ہے جب اس کو پڑھ کر محسوس ہوتا ہو جیسے اس نظم سے خاقانی نے دنیا کے ہر خرابے کا خواہ وہ ماضی کے آغوش میں ہو یا مستقبل کے بطن میں، اپنے آپ کو ہمیشہ کے لیے مناد، محافظ اور ماتم گسار بنادیا ہو۔ شاعر کسی آبادی یا ویرانے میں اجنبی نہیں ہوتا اس کی ہر عمر ہر ویرانے اور آبادی سے زیادہ طویل پائدار اور لائقِ احترام ہوتی ہے۔

سرسید ہاؤس کی زبونی کا احساس شاید اس لیے اور بڑھ گیا ہے کہ حافظے میں ۱۹۱۹ء کا بھی سرسید ہاؤس ہے جس سے زیادہ آباد دلکش، پروقار تاریخی یادوں اور کارناموں سے لبریز، تناور طوفان آزمودہ سایہ دار درختوں اور ان سے ڈھکی ہوئی ستھری ہموار کشادہ سڑکوں اور راستوں سے مزیّن جگہ علی گڑھ میں دوسری کوئی نہ تھی۔

مولوی عبدالحق صاحب (بابائے اردو) نے سرسیّد کو ایک بڑے معرکے کے جلسے میں اسٹریچی ہال کے صدر دروازے سے داخل ہو کر ڈائس کی طرف بڑھتے ہوئے دیکھا تھا۔ لکھتے ہیں ایسا معلوم ہوتا تھا جیسے کوئی بہت بڑا جہاز چلا آرہا ہو۔ کتنی جامع اور شاندار تشبیہہ ہے۔ سرسیّد ہر تحریک، ہر محفل اور ہر معرکے میں اسی طرح نمودار ہوتے اور چھا جاتے تھے۔

میں نے سرسیّد کو نہیں دیکھا۔ ان کی روغنی تصویر اسٹریچی ہال میں مدّتوں دیکھتا رہا ہوں۔ کتابوں میں بھی جابجا عام طور پر نظر آجاتی ہے۔ سرسیّد ہاؤس کے یہ کہن سال گمبھیر گھنیرے درخت، جن میں سے بعض پر اتنی ہی پرانی بیلیں چڑھی ہوئی تھیں، دیکھنے میں ایسے معلوم ہوتے جیسے کسی بوڑھے عرب سردار نے سر کو عقال سے اور کمر کو چادر سے کس رکھا ہو۔ مختلف زاویوں، دھوپ چھاؤں اور ہوا کے تند یا نرم جھونکوں میں یہ درخت ایسے معلوم ہوتے جیسے

سرسید مختلف موڈ میں جہاں تہاں کارفرما ہوں۔ بڑے رنج اور شرم کے ساتھ کہنا پڑتا ہے کہ ایک زمانے میں جلانے کی لکڑی کے دام بڑھے تو سرسید ہی کے نام لیواؤں نے ان تمام درختوں کو کٹوا کر روپے کما لیے!

اس زمانے میں اچھے اچھوں کی مشکل سے ہمت پڑتی تھی کہ سرسید ہاؤس کے حدود سے سانس روکے یا اِدھر اُدھر دیکھے اور ہچکچائے بغیر گذر جائیں۔ اس سے اندازہ کیا جا سکتا ہے کہ خود سرسید اور ان کے رفقائے کرام کے عہد میں اس خطّے کا کیا عالم رہا ہوگا۔ آواز دیتا ہوں۔

کہاں بیٹھے ہو تم اے خانۂ ویراں کے دربانو

تو کوئی جواب نہیں ملتا۔

میرا خیال ہے کہ ہندوستان کی دوسری یونیورسٹیوں اور کالجوں میں مجلسِ اتحاد کا قیام علی گڑھ یونین کی تقلید میں ہوا۔ بالفرض ایسا نہ بھی ہو تو یہ ماننا پڑے گا کہ ابتداء سے یونین کو جو اہمیت یہاں دی گئی اور اس نے یہاں کے طلبا میں جو اعلیٰ صفات پیدا کیں وہ کسی اور ادارے کی یونین کے حصّے میں نہیں آئیں۔ یہاں کی اور دوسرے اداروں کی مجلسِ اتّحاد میں ایک فرق یہ بھی ہے، گو یہ فرق روز بروز کم ہوتا جا رہا ہے کہ وہاں ان کو ایسے مقاصد کے لیے کام میں لایا گیا جن کا تعلّق علمی، تعلیمی اور تہذیبی سرگرمیوں سے اتنا اساسی نہ تھا جتنا ثانوی۔ یہاں ہمیشہ اساسی رہا ضمنی شاذ و نادر۔ باہر کی تقریباً تمام یونینیں سیاسی لیڈروں کے چشم ابرو کے اشارے پر چلتی ہیں اور طلباء کی حیثیت ایجنٹ اور آلۂ کار کی رہ گئی ہے۔ علی گڑھ کے طلباً اور ان کی یونین کسی سیاسی یا بیرونی جماعت کی آلۂ کار نہیں ہے۔ طلبا اپنے اختلافات اپنے ہی طور پر بغیر کسی بیرونی مداخلت کے طے کر لیا کرتے ہیں۔ یہ بہت بڑا فرق اور امتیاز یہاں اور باہر کے طلباء اور ان کی مجلسِ اتحاد (یونین کلب) میں ہے جسے میں یہاں کے طلباء کی ذہنی بلوغت اور اس ادارے کے بہترین مقاصد سے ان کی شفقت کی دلیل سمجھتا ہوں یہی سبب ہے کہ علی گڑھ کا طالب علم بحیثیت مجموعی دوسرے اداروں کے طلباء سے آج بھی زیادہ معتبر و ممتاز ہے۔

لیکن افسوس کے ساتھ اس امر کا بھی اعتراف کرنا پڑتا ہے کہ بدلے ہوئے حالات میں خام و نامعتبر جنس کے بے روک ٹوک راہ پاتے رہنے سے اور بعض مصالح کی بناء پر ان عوامل وعناصر کو یونیورسٹی کا انگیز کرنے پر مجبور ہونا ایسی باتیں ہیں جن سے اس ادارے کی نیک نامی، کارکردگی اور اس کی تاریخی امتیازی روایات کو نقصان پہنچ رہا ہے۔ یہ باتیں دوسری یونیورسٹیوں میں راہ پا جائیں تو ان کی شہرت میں ایسا کوئی خلل نہ پڑے گا اس لیے کہ ان کا کبھی وہ حال نہیں رہا جو اس ادارے کا روزِ اوّل سے رہا ہے، جس کی بناء پر یہ بعض مسلمہ اعلیٰ تاریخی و تہذیبی اقدار کا محافظ اور مبلّغ رہا ہے۔ یہ ایک دلچسپ سانحہ ہے کہ ہماری خدمات اور خوبیوں سے دوسرے فائدہ اٹھائیں تو یہ ان کا آئینی حق قرار پائے اور ہم ایسا کریں تو گنہگار ٹھہریں۔

تمام دنیا کی اقوام اور ممالک کا اعتبار بالعموم اور مسلمان قوم اور ممالک کی خوشنودی

ے مسلمان حکومتیں کہاں کہاں ہیں اور ان کی آبادی کیا ہے:

۱. مراکش: باونے لاکھ چالیس ہزار ر ۹۲ فی صدی مسلمان،

۲. الجیریا: پچانوے لاکھ ر ۹۸ فی صدی مسلمان،

۳. مصر: دو کروڑ پچیس لاکھ ر ۹۱ فی صدی مسلمان،

۴. سوڈان: نواسی لاکھ اکہتر ہزار ر ۸۴ فی صدی مسلمان،

۵. یمن: اڑتالیس لاکھ ر ۹۸ فی صدی مسلمان،

۶. شرق اردن: پندرہ لاکھ ر ۹۴ فی صدی مسلمان،

۷. سعودی عرب: ساٹھ لاکھ ر ۹۹ فی صدی مسلمان،

۸. انڈونیشیا: سات کروڑ اسی لاکھ ر ۹۴ فی صدی مسلمان،

۹. لبنان: چودہ لاکھ ر ۴۰ فی صدی مسلمان،

۱۰. ترکی: دو کروڑ ایک لاکھ ر ۹۰ فی صدی مسلمان،

۱۱. شام: چھتیس لاکھ ر ۸۶ فی صدی مسلمان، (باقی اگلے صفحے پر)

وخیر اندیشی بالخصوص "آسان وارزاں" حاصل کرنے کا ذرِ مبادلہ یا امریکی ڈالر (علی گڑھ) ہمارے ملک کے سوا شاید ہی کسی اور ملک وقوم کو نصیب ہو لیکن اس سے جتنا نفع اٹھایا جاتا ہے اس تناسب سے نفع میں ہم کو شریک نہیں کیا جاتا۔ محنت کرنے والے اور نفع اٹھانے والے میں مرحمت نہیں تو منصفی کا رشتہ تو ہونا ہی چاہیے۔ ممکن ہے اس کا ایک سبب یہ بھی ہو کہ ہم جس صاف دلی سے اظہارِ وفا کرتے ہوں اس جرأت سے اظہارِ حق پر قدرت نہ رکھتے ہوں۔ انگریزوں کی حکومت میں ایسا کرنا سمجھ میں آتا تھا، اپنے عہد میں حق طلبی یا حق تلفی کے معاملہ میں تکلف سے کام لینا نہ اپنے کو زیب دیتا ہے نہ اس سے حکومت کی بڑائی میں کوئی اضافہ ہوتا ہے۔

سیاسی اعیان واکابر نوجوان طلبار کی بے راہ روی کا ماتم تو ہمہ وقت اور ہر موقع

(بقیہ نوٹ)

۱۲. عراق: اڑتالیس لاکھ بیس ہزار (۹۶ فی صدی مسلمان)

۱۳. ایران: دو کروڑ (۹۷ فی صدی مسلمان)

۱۴. افغانستان: ایک کروڑ چالیس لاکھ (۹۸ فی صدی مسلمان)

۱۵. پاکستان: سات کروڑ اٹھاون لاکھ پچاس ہزار (۸۶ فی صدی مسلمان)

۱۶. ملایا: اٹھاون لاکھ (۶۰ فی صدی مسلمان)

مسلمانوں کی یہ تعداد مسلم حکومتوں میں ہے ان میں ان مسلمانوں کو شمار نہیں کیا گیا ہے جو کسی اور حیثیت سے دوسرے خطوں میں آباد ہیں مثلاً ہندوستان۔ اشتراکی چین، اشتراکی روس وغیرہ۔ ان کو بھی شامل کر لیا جائے تو مجموعی تعداد بقدر پانسات کروڑ اور بڑھ جائیگی اس طور پر کرۂ ارض کے تقریباً ½ حصے پر مسلمان آباد ملیں گے اور مراکش سے لے کر تا بہ خاکِ کاشغر، ایک ایسا مسلم بلاک نظر آئے گا جو بجا طور پر برِ اعظم اندرونِ برِ اعظم کہا جاتا ہے۔ محولہ بالا شمار و اعداد رائٹرس ایمپوریم بمبئی کے ایک مطبوعہ کارڈ سے لیے گئے ہیں۔

پر کرتے رہتے ہیں لیکن ان عوامل کو جو اس بے راہ روی کا باعث ہوتے ہیں روکنے اور قابو میں رکھنے کے بجائے مہمیز بھی کرتے رہتے ہیں اور یقیناً یہ نوجوانوں کے بہترین مقاصد کے پیشِ نظر اتنا نہیں ہوتا جتنا ان اکابر کے مشکوک مقاصد کی خاطر۔ کم سے کم مجھے اس کا علم نہیں ہے کہ نوجوان طلبہ وطالبات کو زندگی کے تمام بھلے یا بُرے تقاضوں سے آشنا کرانے کی قابلِ فخر ذمہ داری تعلیم گاہوں پر عائد ہوتی ہے۔

اس ادارے کو حکومت سے کتنی ہی زیادہ مالی مدد کیوں نہ ملتی ہو اور اس سبب سے وہ حکومت کی کیسی ہی گرفت میں کیوں نہ ہو، مسلم یونیورسٹی ہونے کی بنا پر دینی اور اخلاقی امور میں وہ مسلمان قوم کے مطالبے اور محاسبے سے آزاد نہیں ہو سکتی۔ اور مسلمانوں کے دینی اور اخلاقی امور وہ ہیں جو ان کی مستند دینی کتابوں اور معتبر مسلمانوں کی سیرت و سوانح میں ملتے ہیں، وہ نہیں ہیں جن کو ہم اپنے مخصوص مفاد و مقاصد کے پیشِ نظر حسبِ ضرورت اختراع کرتے رہتے ہیں۔ مسلمان معاشرے میں کچھ ممنوعات ہیں۔ ان میں سے ایک یہ ہے کہ فنونِ لطیفہ ہوں یا سیاسیات، سماجیات یا حیوانیات کے تقاضے اور طور طریقے، تاوقتیکہ سخت مجبوری کا سامنا نہ ہو کوئی ایسا اقدام گوارا نہیں کیا جا سکتا جو ایسی ترغیبات کا محرک ہو جن کو ہمارے مذہب و اخلاق نے مسلّمہ طور پر قابلِ اجتناب قرار دیا ہو۔ ممنوع کو مستحب نہ منطق سے قرار دیا جا سکتا ہے نہ جمالیات اور اقتصادیات کے "نکاتِ بیدل" سے۔

نوجوان نہ سو فی صدی معصوم ہوتے ہیں نہ ان کو معصوم رکھا جا سکتا ہے۔ انھیں پر نہیں یہ بات ان کے بہت سے بزرگوں پر بھی صادق آتی ہے۔ میں یونیورسٹی کے طالب علموں کو نہ بھکشو دیکھنا چاہتا ہوں نہ رکھنا چاہتا ہوں۔ رکھا بھی نہیں جا سکتا۔ میں خود بھکشو نہیں رہا ہوں، نہ آج ہوں۔ بھکشو قسم کے طالب علم اور تعلیم گاہیں ختم ہو چکی ہیں۔ ان کی بازیافت نہ ممکن نہ مقصود۔ بایں ہمہ اس کا بھی قائل نہیں کہ ہماری یونیورسٹی کے طلباء، وہی شیوہ اختیار کریں جو آج کل کی پولٹیکل پارٹیوں کے زیرِ اثر نوجوان لڑکے لڑکیوں نے اختیار کر رکھا ہے۔ یہ کیسے مان لوں کہ ہمارے نوجوانوں میں اتنی استعداد پیدا نہیں ہوئی یا باقی نہیں رہی کہ وہ اعلیٰ اور ادنیٰ کے درمیان فرق کر سکتے ہوں

یا اپنی ذمّہ داری کا احساس رکھتے ہوں۔ محکومی میں غلامی کو بدنصیبی سے بھی تعبیر کر سکتے ہیں لیکن آزادی میں مطلق العنانی تو لعنتِ محض ہے۔

خدا کرے یہ صورتِ حال بدل جائے ورنہ ظاہر ہے علی گڑھ مسلم یونیورسٹی یونین اس کے عہدہ داروں، امیدواروں اور رائے دینے والوں کے بارے میں ہمارے بدخواہ کیسی کیسی نامبارک توقعات قائم کریں گے اور خوش ہوں گے، مانا کہ یہیں نہیں سارے جہان میں اجن میں بلادِ اسلامیہ بھی شامل ہیں، ایسا ہو رہا ہے لیکن اس سے کیا فرق پڑتا ہے۔ وباؤں کا عالم گیر ہو جانا وباؤں کے لیے کوئی سندِ جواز نہیں۔ اس سے حفظانِ صحت کی تدابیر ترک نہیں کر دی جاتیں بلکہ ان کو اور زیادہ عالمگیر، موثر اور طاقت ور بناتے ہیں۔ یہ بھی نہ سہی۔ ہمارا ایک علمی تہذیبی اور قومی ادارہ ہے جس نے ہم کو اور ہمارے ملک کو فائدہ پہنچایا اور ناموری بخشی ہے اس لیے ہم اس کے تاریخی رول کو نہ صرف برقرار رکھنا چاہتے ہیں بلکہ اور زیادہ ترقی دینا چاہتے ہیں۔ ریگستان میں نخلستان یا سمندر میں جزیرے کی قدر و قیمت سے کسی اور کو انکار ہو تو ہو ہم کو نہیں ہے۔

زمانہ کتنا ہی ترقی یا تنزل کرے۔ زندگی کے نظریات جو چاہے جس طرح چاہے بدل ڈالے مسلمانوں کا یہ موقف غیر متبدل اور غیر متزلزل رہے گا کہ ان کا دین و آئین اور معاشرہ عیش و طرب کا نہیں ضبطِ نفس اور رفاہ و ریاضت بالفاظِ دیگر فوجی ڈسپلن کا ہے۔ ظاہر ہے جس ملت نے اس ڈسپلن کے ساتھ نوعِ انسان کے فوز و فلاح کی اتنی بڑی ذمہ داری قبول کی ہو وہ طرب و تفنن کی زندگی نہ بسر کر سکتی ہے، نہ کرنا چاہیے۔ فنونِ لطیفہ اور اس کے عوارض و عواقب کو اگر اسلامی شریعت نے زندگی میں وہ اہمیت یا وقعت نہیں دی ہے جو آج کی دنیا دے رہی ہے تو نہ شرمانے کی ہی ضرورت ہے نہ معذرت خواہ ہونے کی۔ مسلمان جن ذائقِ مہمہ اور عزائمِ حسنہ کے تقاضوں میں جکڑا ہوا ہے وہاں۔

فرصتِ کاروبارِ شوق کسے، ذوقِ نظارۂ جمال کہاں!

مشینی و صنعتی تہذیب کے محرکات اور حربی سیاست کے سرد و گرم تقاضوں نے دنیا کی تمام ترقی یافتہ اقوام اور ممالک کو جس معاشی و اجتماعی بحران اور اخلاقی شکست و ریخت

میں مبتلا کردیا ہے وہ کوئی راز نہیں ہے اور یہ کہنا شاید غلط نہ ہو کہ جو ملک اور قوم کبھی انسانی واخلاقی مکارم کے اعتبار سے اونچی سطح پر تھی وہ موجودہ حالات وحوادث کی زد میں نسبتاً زیادہ نیچی سطح پر آگئی ہے۔ مسلمان اور ممالکِ اسلامیہ اس کی مثال ہیں۔ ممکن ہے اس کا احساس اس لیے زیادہ ہوتا ہو کہ مسلمانوں کا صحیفۂ مذہب واخلاق دوسروں کے صحیفۂ مذہب واخلاق سے زیادہ ہمہ گیر ہی نہیں سخت گیر بھی ہے۔ یہ کوئی ایسا نکتہ نہیں ہے جس کا میں نے آج انکشاف یا اعلان کیا ہو۔ لیکن اتنا ضرور محسوس کرتا ہوں کہ جہاں تک مذہبی اور اخلاقی اعتبار سے مسلمان ہونے کا تعلق ہے، ہندوستان کے مسلمان ممالکِ اسلامیہ کے مسلمانوں سے زیادہ معتبر اور قابلِ تقلید ہیں، نہ کہ اس کا عکس۔ اس کے بعد یہ کہنے کی ضرورت باقی نہیں رہ جاتی کہ بحیثیتِ مجموعی ہندوستان کے مسلمانوں کی سب سے معتبر نمائندگی علی گڑھ کرتا ہے۔ کچھ اور نہیں تو اس شعر کی منطق کی رو سے۔

نمی گویم دریں گلشن گل و باغ و بہار از من
بہار از یار و باغ از یار و گل از یار و یار از من

اس میں شک نہیں پہلی اور آج کی دنیا میں بڑا فرق راہ پا گیا ہے۔ کہنے جا رہا تھا، زمین و آسمان کا فرق، لیکن جب سے یہ دیکھا ہے کہ زمین و آسمان کا فرق یا فاصلہ مسافت کے اعتبار سے روز بروز کم ہونے لگا۔ اس محاورے کو استعمال کرنے میں تامل کرتا ہوں۔ اب تک اردو فارسی شاعروں کا عقیدہ رہا ہے کہ بلاؤں کا نزول آسمان سے ہوتا ہے لیکن کچھ دنوں سے آسمان کو یہ ماتم کرتے سنا گیا ہے کہ زمین کی بلائیں اس پر نازل ہونے لگی ہیں اس، ''فلکِ ستم شعار دیکھ رفتار'' کو اپنے مظالم کا مزا اس وقت آئے گا جب ہم خود اس پر نازل ہونے لگیں گے۔[1]
اب تک اور یہاں تک جو داستان سنائی گئی ہے اس سے یہ ظاہر یا ثابت کرنا مقصو

---

[1] یہ سطور پریس میں تھیں کہ خبر آئی کہ یہ معرکہ سر ہو گیا۔ مشرق کے شاعر نے جس کارنامے کی پیشین گوئی آج سے مدتوں پہلے کردی تھی کہ ''عالم بشریت کی زد میں ہے گردوں'' روس کے سائنٹسٹ نے آج پوری کر دکھائی۔

نہیں ہے کہ یونین اور یونیورسٹی کا ماضی اتنا مبارک و مہتم بالشان رہا ہے کہ آئندہ ان کو ایسے دن دیکھنا نصیب نہ ہوں گے۔ دنیا میں اگر اپنے گزشتہ سے بہتر بننے کی استعداد نہ ہوتی تو یہ پورا کارخانہ کب کا درہم برہم ہو چکا ہوتا۔ جب تک انسان اس عالم آب و گل میں آباد ہے بحیثیت مجموعی زندگی ترقی اور بہتری کی طرف بڑھتی رہے گی۔ یہ محض بوڑھوں کی فطرت ہے جو اپنے ماضی کو مبارک اور نوجوانوں کے حال اور مستقبل کو مایوس کن بتا کر اپنے دل بہلاتے رہتے ہیں۔

گزشتہ زندگی اور زمانہ دونوں اس کرۂ ارض پر ختم ہو چکے ہیں جن کو اب کسی طرح واپس نہیں لایا جاسکتا چاہے یہ دنیا ترقی کرے یا تباہ ہو جائے لیکن مشکل یہ ہے کہ دنیا نہ تباہ ہوگی نہ ترقی کرنے سے باز آئے گی۔ ہم اپنی حرکتوں سے باز آئیں یا نہیں۔ پھر یہ بات بھی بہلانے کی نہیں ہے کہ اگر بیتے دن اچھے تھے تو ان سے پہلے کے دن اور اچھے تھے اس طرح گزرے ہوئے زمانے میں جتنا سفر کرتے جائیں ابتدائے عہدِ تہذیب و تمدن تک جب دستِ مشاطہ نہ تھا محرمِ زلفِ دوراں۔ ایک سے ایک خیالی خوش گوار منزلیں سامنے آتی رہیں گی بوڑھوں کے لیے خاص طور پر۔

بوڑھوں کا حال ہی کون سا امید افزا ہوتا ہے کہ وہ مستقبل سے بھی کچھ امید رکھیں جہاں ان کے لیے کوئی جگہ نہیں۔ چاہے وہ کتنی ہی طویل قطار بندی (کیو) میں کیوں نہ کھڑے رہیں۔ یہ دنیا جس طرح صرف بوڑھوں سے آباد نہیں رکھی جاسکتی اسی طرح بوڑھوں کے خیالات و عقائد سے بھی زیادہ دنوں تک اس کا کام نہیں چل سکتا اور یہ ہو بھی کیسے سکتا ہے کہ نوجوانوں کو سہنا تو پڑے اپنی دنیا لیکن رہنا پڑے بوڑھوں کی دنیا میں۔ بوڑھوں نے اپنی جوانی میں بوڑھا رہنا نہیں پسند کیا تو نوجوانوں سے کیوں ایسی توقع رکھتے ہیں۔ بوڑھے ہی جو ٹھہرے۔

آج کل زمانہ جس بے امان تیزی سے گزر نہیں بلکہ منقلب ہو رہا ہے اس کو دیکھتے ہوئے کہہ سکتے ہیں کہ گزشتہ ساٹھ سال کا زمانہ کئی سو سال پیچھے کا زمانہ بن چکا ہے اور یہ تیزی و ترقی کی رفتار کا یہی عالم رہا تو آئندہ ساٹھ سال کی دنیا موجودہ دنیا سے ہزار سال آگے کی دنیا معلوم ہونے لگے تو کوئی تعجب نہیں۔ اب تک ہوتا یہ آرہا تھا کہ نیا آدم نئی دنیا پیدا

کرتا تھا اور بجا طور پر اس پر اپنا حکم چلاتا تھا اب بھی یہی ہوتا ہے لیکن اس فرق کے ساتھ کہ آج کا آدم اپنی بنائی ہوئی دنیا کو دیر تک قابو میں نہیں رکھ پاتا۔ ظاہر ہے نئے آدم کے بغیر نئی دنیا چل نہیں سکتی اس لیے کبھی کبھی وہ نئے آدم کے ظہور کا انتظار کرنے کے بجائے اپنا نیم آدم خود بنا لیتی ہے۔ یہ آدم 'زائیدۂ آدم نہیں ہوتا بلکہ زائیدۂ زمن یا اہرمن' ہوتا ہے اس لیے بڑا سفاک ہوتا ہے اور زندگی اس کی لائی ہوئی تیرگی اور تباہی کی زد میں آجاتی ہے۔ ایک وقت تک انسانیت اس عذاب و آزمائش میں مبتلا رہتی ہے اس کے بعد رحمتِ حق سے کوئی رحمتِ عالم ظہور میں آتا ہے، مایوس و مجروح انسانیت کو تشفی دیتا ہے اور ترقی کی طرف لے جاتا ہے غالب نے اسی صورتِ حال کی ترجمانی کی ہے ؎

ہر کجا ہنگامۂ عالم بود　　رحمت اللعالمینے ہم بود!

لیکن نوجوانوں کا یہ زعم کہ وہ 'سوارِ اشہبِ دوراں' ہیں اور دوسرے یعنی بوڑھے اور کم نوجوان صرف گردِ راہ، ایک ایسا مغالطہ ہے جس میں بعض امراض کی طرح بچے اور نوجوان ہی زیادہ مبتلا ہوتے ہیں۔ زمانہ جس تیز رفتاری سے جوان اور جوان تر ہونے لگا ہے اُس رفتار سے خود نئی نسل ذہنی طور پر جوان نہیں رہ پاتی۔ نتیجہ یہ کہ نوجوان ہی نہیں ان سے کم عمر لڑکے بھی بہت جلد بوڑھے (آؤٹ آف ڈیٹ) ہونے لگے ہیں۔ بوڑھوں کا تو ذکر ہی کیا نوجوان سے زیادہ نوجوان بھی اس وقت 'اشہبِ دوراں' پر نہیں صرف غالب کے 'رخشِ عمر' کی پشت پر ہیں جہاں 'نے ہاتھ باگ پر ہے نہ پا ہے رکاب میں' بوڑھے ایک حد تک بہترین پوزیشن میں ہیں اس لیے کہ انھوں نے اپنے سہارے کے لیے بچی کھچی نیم جان قدریں سینے سے لگا رکھی ہیں اور اقدارِ اعلیٰ کا احساس اور ان کی پیروی ہی وہ سہارا ہے جو انسان کا اس وقت خاص طور پر ساتھ دیتا ہے جب تمام دوسرے سہارے ساتھ چھوڑ چکے ہوتے ہیں قطع نظر اس سے کہ وہ اعلیٰ قدریں کہاں سے آئیں کس نے دیں، مطلق ہیں یا اضافی اور ان کی سائنسی یا تاریخی توجیہہ ہو سکتی ہے یا نہیں۔ 'بے سے کسے ہے طاقتِ آشوبِ آگہی' کا انداز زندگی کے بعض لمحات میں ہوتا ہے۔

یونین کی اہمیت اور اس کی اصلاح و ارتفاع پر اس لیے زور دینا چاہتا ہوں کہ علی گڑھ

کی نئی نسلیں یہاں جن گہواروں میں پلتی سنورتی ہیں، ان میں یونین کا درجہ بہت ممتاز ہے یہاں نوجوانوں کو دوسروں پر نہیں خود اپنے پر حکمرانی کرنے کی آزمائش سے گزرنا پڑتا ہے یعنی کس طرح وہ اپنے کو قابو میں رکھ کر دوسروں پر قابو حاصل کر سکتے ہیں. ذراسی غفلت یا عجلت سے کس طرح فتح شکست میں تبدیل ہو جاتی ہے اور تھوڑے سے تدبر و تحمل سے شکست فتح پر بھاری پڑتی ہے. یہیں سے نکل کر تو وہ جہل کو علم میں، دشمنی کو دوستی میں، افلاس کو آسودگی میں، سرنگونی کو سربلندی میں بدلیں گے اور خدمت لینے کے بجائے خدمت کرنے کی لذت و منزلت حاصل کریں گے. یہ مولویانہ باتیں اس لیے کہنی پڑیں کہ طلبا نے، یہاں کے ہوں یا کہیں اور کے، یونین کی وقعت اور اہمیت کا احترام کر کے بڑا نقصان اٹھایا اور پہنچایا ہے.

طلبا کو سرسید اپنی سب سے بڑی متاع، قوم کا سب سے قیمتی سرمایہ اور تاریخ کا بڑا گراں قدر ورثہ سمجھتے تھے. ان کی سود و بہبود کے لیے ہر طرح کا خطرہ ہر قسم کی بدنامی اور ہر نوع کی تکلیف کا سامنا کرنے پر تیار رہتے اور اٹھایا کرتے تھے. اس کا صحیح اندازہ اس طرح بھی کیا جا سکتا ہے کہ ہم یہ دیکھیں کہ آج کل کے لیڈر طلبہ کے ساتھ کیا سلوک کرتے ہیں اور سرسید کی قد و قامت کا کوئی بھی ایسا شخص گزرا ہے جس نے ان نوجوانوں کو صحیح راستہ پر رکھنے کے لیے اپنے آپ کو خطرہ یا مصیبت میں ڈالا اور اس فریضہ کو اپنی زندگی کا مشن بنایا ہو. لیکن یہاں میں اس حقیقت کو بھولتا ہوں کہ غدر اور مابعد کے مظالم و مصائب سرسید اور ان کی قوم سے زیادہ اور کس کو جھیلنے پڑے کہ وہ ایسا کرتا. آج طلبہ لیڈروں کے نہیں خود لیڈر طلبہ کے دست نگر ہیں. اس کی داد کس کو دی جائے طلبہ کو یا لیڈروں کو؟

اس سلسلے میں اس "برادر ہڈ" (انجمن الاخوان) کا ذکر دلچسپی سے خالی نہ ہوگا جو ۱۸۹۲ء میں قائم کی گئی تھی اور اب اولڈ بوائز ایسوسی ایشن کے نام سے موسوم ہے. اس کا مقصد نئے پرانے طلبہ میں رشتہ اخوت قائم کرنا اور رکھنا تھا. اس کے اراکین اپنی آمدنی کا ایک فی صدی کالج فنڈ میں دیا کرتے تھے. ڈیوٹی سوسائٹی (انجمن الفرض) اور آل انڈیا مسلم ایجوکیشنل کانفرنس بھی اسی طرح کے دو بڑے اہم ادارے سرسید ہی کے عہد سے قائم چلے آتے ہیں. ایک زمانہ تک ان تینوں نے اس ادارے کی قابل قدر خدمات انجام دیں اور اس کی شہرت میں اضافہ

کیا تقسیم ملک کے بعد سے ان کی کارکردگی اور اہمیت میں روز بروز کمی ہوتی گئی۔ اب برائے نام رہ گئی ہے معلوم نہیں ان کی ضروریات باقی نہیں رہیں یا ان کو فعال بنانے کا حوصلہ ہی جاتا رہا۔

برادر ہڈ سے سرسید کو کتنی دلچسپی تھی اس کا اندازہ مندرجۂ ذیل مراسلت سے کیا جا سکتا ہے۔ جو مجلس کے سکریٹری مسٹر تھیوڈور مارلیسن سے ہوئی تھی۔ سرسید نے مسٹر مارلیسن کو لکھا:

جنابِ من! اگر آپ کے کالج کے پرنسپل یا اسکول کے ہیڈ ماسٹر مجھے کالج یا برادر ہڈ میں داخل کریں تو میں اپنی پنشن میں سے ایک فی صدی دوں گا۔ میں آپ کی سوسائٹی میں اجنبی بن کر داخل ہونا نہیں چاہتا جیسا کہ آپ کے کالج میگزین کے آرٹیکل میں مذکور تھا۔ یعنی اس انجمن میں شرکت کا استحقاق حسبِ ذیل اشخاص کو ہوگا۔

(الف) موجودہ طالب علم مدرستہ العلوم (ب) مدرستہ العلوم کے کالج یا اسکول کے پرانے طلبا (ج) مدرستہ العلوم کے اسکول یا کالج کے استاد۔ کیونکہ میں ایسا بے وقوف نہیں ہوں کہ ایک فی صدی تو دیتا رہوں اور برادری سے (یعنی اسٹوڈنٹ برادر ہڈ) سے خارج رہوں۔ میرا خط برادر ہڈ کے جلسے میں پیش کریں اور جواب سے مطلع فرمائیں۔

آپ کا خیر خواہ سید احمد

۸ جون ۱۸۹۲ء

جواب یہ آیا:

بخدمت آنریبل ڈاکٹر سر سید احمد خان بہادر کے۔ سی۔ ایس۔ آئی۔ ال ال ڈی آنریبل قبلہ!
آپ کے برادر ہڈ میں داخل ہونے کی خواہش سے ہم کو نہایت خوشی اور شکر گزاری ہوئی۔ آپ کے کالج یا اسکول کے طالب علم ہونے کے متعلق ہیڈ ماسٹر صاحب اور پرنسپل صاحب سے دریافت کرنے پر نہایت دلچسپ بحث پیدا ہوگئی۔ پرنسپل صاحب فرماتے ہیں "آنریبل سر سید یقیناً طالب علم ہیں کیونکہ تمام عالم کے آدمی حقیقت میں طالب علم ہیں اور اس میں شک نہیں کہ وہ ان معنوں میں۔۔ ایم اے او کالج کے نہایت لائق طالب علم ہیں اور کوئی کالج کا پروفیسر

اس نام کا ان سے زیادہ مستحق نہیں ہے" ہیڈ ماسٹر صاحب پرنسپل صاحب کے دعویٰ کی تردید کرتے ہیں اور آپ کو نہایت زبردست دلائل سے اسکول میں شامل کرتے ہیں۔ وہ فرماتے ہیں 'پرنسپل صاحب کا بیان ہے کہ سرسید اس کالج کے طالب علم ہیں۔ یہاں تک کہ میں تسلیم کرتا ہوں لیکن چونکہ سرسید نے ابھی تک اس خوفناک دریا کو عبور نہیں کیا جسے انٹرنس اگزامینیشن کہتے ہیں، اس سے صاف ظاہر کہ وہ کسی کالج میں داخل نہیں ہو سکتے۔ اس کے لیے ضروری ہے کہ وہ اسکول کے طالب علم بنیں۔"

ہم جناب پرنسپل اور ہیڈ ماسٹر صاحب کے نہایت مشکور ہیں کہ انھوں نے برادرہڈ کے فائدے کی غرض سے آپ کو طالب علم بنا لیا ہے۔ یعنی پرنسپل صاحب نے آپ کی اعلیٰ علمیت کے ذریعہ سے اور ہیڈ ماسٹر صاحب نے اپنے خوفناک دریا کے زور سے۔ لیکن ہمارے خیال میں ان پیچیدہ وسائل کی ضرورت نہیں جبکہ ہم ایک قریب اسکول کی کسی کلاس کا طالب علم تسلیم کریں تو ہم عاپ کے ایم۔ اے۔ او کالج اسٹوڈنٹس کے رشتے سے اب تک پہنچ سکتے ہیں ہم ایسے بے وقوف نہیں کہ بے باپ کے برادرہڈ قائم کرلیں جب ہم نے برادرہڈ قائم کی یا یوں کہیں کہ اپنا برادرہڈ قائم کیا یا یوں کہیں کہ اپنی برادرہڈ ہمیں سمجھ پڑی اس وقت ہم اپنے والا قدر باباسے بے خبر نہ تھے۔ اس لیے اگر بھائیوں کی سوسائٹی میں اگر باپ داخل ہو سکتا ہے تو آپ کو برادری سے خارج ہونے کا اندیشہ نہ کرنا چاہیے ...

آپ کے بقاے حیات کے دعاگو

آپ کے خاکسار بچے۔ ممبر آف دی برادرہڈ

سرسید کا جواب

بجناب آنریری سکریٹری مجلس الاخوان مدرستہ العلوم

ڈیر سر۔ آپ کی چٹھی معہ ریمارکس پرنسپل وہورسٹ صاحب میرے پاس پہنچی۔ میں مسٹر بک اور ہورسٹ اور آپ کا شکریہ ادا کرتا ہوں ان ریمارکس کی نسبت جو آپ نے لکھے ہیں لیکن جو اصل بات لکھی ہے وہ مسٹر ہورسٹ نے لکھی ہے اپنی چٹھی کے آخری فقرے میں اور میں آپ کو یقین دلاتا ہوں کہ میں اپنی نہایت عزت سمجھوں گا اگر آپ مسٹر---

ہورسٹ سے سفارش کر کے میرا نام اسکول کی نویں کلاس میں داخل کرادیں اور میں آپ کی مجلس الاخوان میں شریک ہوں گا۔

صرف مسٹر ہورسٹ کی اتنی مہربانی چاہتا ہوں کہ حاضری سے مجھ کو معاف رکھیں مگر میں برابر اس کلاس کی ٹیوشن فیس دیتا رہوں گا اور میں دو روپے اس کے ساتھ بھیجتا ہوں، ایک روپیہ فیس داخلہ اور ایک روپیہ جون کی ٹیوشن فیس۔ اگر ہورسٹ صاحب اس کو منظور کریں تو آپ میرا نام بھی مجلس الاخوان میں داخل کر لیجیے۔ کاغذات جو آپ نے بھیجے تھے وہ واپس کرتا ہوں۔

آپ کا خادم سید احمد از علی گڑھ

۱۱ جون ۱۸۹۲ء

آنریری سکریٹری کا جواب:

بخدمت آنریبل ڈاکٹر سر سید احمد خاں کے۔ سی۔ ایس۔ آئی۔ ال ال ڈی۔

ڈیر سر!

جس عمدہ طریقہ سے آپ نے پرنسپل صاحب اور ہیڈ ماسٹر صاحب کے درمیان فیصلہ کیا ہے اس کا شکریہ ادا کرنے میں آپ کی توجہ اس امر کی جانب مبذول کرنا چاہتا ہوں کہ اگر اخوان فیس داخلہ اور فیس تعلیم ہیڈ ماسٹر صاحب کو دے دیں جو آپ نے بھیجی ہے تو ممکن ہے آپ کو بہت دقت پیش آئے اگر ہیڈ ماسٹر صاحب آپ کی حاضری پر اصرار کریں۔ آپ کو اس تکلیف سے بچانے کے لیے میں نے اس روپے کو سوسائٹی کے خزانے میں داخل کر دیا ہے۔ جب آپ نویں جماعت میں حاضر ہوا کریں گے تو وہ روپیہ میں خوشی سے واپس دوں گا۔ اخوان ایک فی صدی اپنی آمدنی میں پہلی جولائی سے دیں گے۔ اور سال میں دو بار روپیہ جمع کریں گے۔ اس لیے اوّل ادائیگی پہلی جولائی سے ہوگی۔

آپ کا خادم۔ تھیوڈر ماریسن

سکریٹری مجلس الاخوان مدرستہ العلوم

حال میں ایک بحث اٹھ کھڑی ہوئی تھی کہ علی گڑھ کیا ہے۔ کیوں ہے اور کس رخ پر ہے۔ تفصیل میں اس وقت کون جائے۔ فی الحال ناظرین کی توجہ ان عربی اشعار کی طرف مائل کی جاتی ہے

جو یونیورسٹی کے صدر دروازہ (وکٹوریہ گیٹ) پر نقش ہیں. ترجمہ حسب ذیل ہے.

• قوم کے بزرگوں اور عزیزوں نے جو غفلت کے اندھیرے کے لیے مثل چراغوں کے ہیں، ایک عالیشان مکان بنایا ہے جس کی بنیاد تقویٰ الٰہی پر ہے تاکہ اس میں علوم دینی اور دنیوی سکھائے جائیں اور عالم کے اخلاق مہذب اور شائستہ بنائے جائیں۔ ان لوگوں نے اللہ کی راہ میں کماحقہٗ کوشش کی ہے اور اپنے مقصد کے حاصل کرنے میں کوئی دقیقہ نہیں چھوڑا۔ اللہ تعالےٰ ان کو اس نیک کوشش کی جزا دے اور اجرِ عظیم عطا کرے۔

شیطان کی آنت

میں اکثر غور کرتا رہا ہوں کہ آخر شعرا دردِ گردہ میں کیوں نہیں مبتلا ہوتے۔ اور مبتلا ہوئے تو انھوں نے اس کا ذکر اپنے کلام میں کیوں نہیں کیا! یہ احساس اس وقت خاص طور پر ہوا جب میں اس درد کے دورے یا ان کے کلام کے مطالعہ میں مبتلا ہوا۔ یہ شعراء اعضاءِ رئیسہ کی ہر قسم کی بیماری میں مبتلا پائے گئے جن میں دل و جگر خصوصیت کے ساتھ قابلِ ذکر ہیں۔ اس قسم کے شاعرانہ امراض اور ان کے اثرات شعرائے لکھنؤ کے کلام میں زیادہ ملتے ہیں چنانچہ اس دفعہ بیمار پڑا تو اطبائے لکھنؤ سے رجوع کرنے کے لیے علی گڑھ سے روانہ ہو گیا۔

ہر مرض کی ایک حد ہونی چاہیے۔ ورنہ مریض کو اختیار ہونا چاہیے کہ وہ حد سے گزر جائے جس طور پر ہمیشہ تندرست رہنا بد مذاقی ہے اسی طرح ہر وقت بیمار رہنا بد توفیقی ہے۔ چونکہ یہ دور ترقی کا زیادہ تہذیب کا کم ہے یعنی تم جو چاہو کر سکو یا نہیں تمہاری بیویاں کر سکتی ہیں، میں نے گردے کی مدتوں تالیفِ قلب کی لیکن جب دیکھا کہ میری چشم پوشی یا درگزر کو یہ روشن خیال بیوی کی مانند میری نیاز مندی پر محمول کرنے لگے ہیں تو پھر اس اندیشہ سے

کہ شوہر کے بجائے کہیں مہذب ہی نہ رہ جاؤں۔ ایک دن گردے کو نوٹس دے دیا کہ میرا سلوک اب تک تمھارے ساتھ شریفانہ رہا اور میں نے تمھاری زیادتیوں پر چشم پوشی کی اس لیے آخری بار تنبیہ کرتا ہوں کہ اپنی حرکات سے باز آجاؤ ورنہ میں وہی کروں گا جو عاجز آکر ایک جاہل شریف آدمی کیا کرتا ہے۔

اس نوٹس کا خاطر خواہ نتیجہ نہ نکلا بلکہ گردے نے اور ہاتھ پاؤں پھیلائے اور نہایت بے باکی کے ساتھ اپنا اقتدار جگر اور معدے کے حدود میں پھیلانے لگا لیکن اطبا نے یہ تشخیص کیا کہ یہ کرتوت جگر اور معدے کا ہے، گردہ صرف بدنام ہے۔ بحیثیت ایک جدید الخیال حکمراں کے جو صرف ماہرینِ فن کے فتاوی پر حکومت کرتا ہے میں ان وفا شعاروں سے بدظن ہو گیا۔ بادشاہ کی بدظنی کے معنی جنگ اور خونریزی کے ہیں۔ چنانچہ ان کے خلاف معجون عرقیات جوشاندہ سفوف و حبوب کے حربے استعمال کیے گئے۔ ان غریبوں نے واویلا شروع کر دی کہ یہ سب گردے کی بالشوزم یا شہنشاہیت تھی وہ بجائے خود ازل سے وفادار و خیر اندیش برطانوی رعایا ئے ہند ہیں۔ چنانچہ ایک رات جب زلفِ شب گردہ تک پہنچ چکی تھی، علی گڑھ سے کنگ جارج میڈیکل کالج لکھنؤ کے لیے روانہ ہو گیا۔

کئی دن تک جھنوائی ٹولہ میں محبّ مکرم حکیم عبداللطیف صاحب کا مہمان رہا۔ اس دوران میں حکیم صاحب کی شہ پا کر کھانے پینے میں جی بھر کے بدپرہیزی کرتا اور ان کے تانگہ پر تمام دن میڈیکل کالج ہسپتال کا گزر بنا رہتا۔ ایک بار خیال آیا کہ اطبائے جھنوائی ٹولہ کو بھی کیوں نہ دکھاؤں ایسا کیا بھی لیکن کسی نے کچھ کہا کسی نے کچھ اور ایسی ایسی ثقیل زبان میں مرض کی تشخیص کرتے رہے کہ اس کی تفصیل پوچھنے کی ہمت نہ پڑی کہ خدانخواستہ کوئی اتنا ہی جبر ثقیل مرض نہ ہو۔

یہاں حکیم صاحب کے تانگے اور گھوڑے کا ذکر کرنا بھی ضروری سمجھتا ہوں۔ میرا خیال ہے اس تانگے میں سوار ہونے سے بہت سی پرانی تکالیف زائل اور اتنی ہی نئی پیدا ہو جائیں گی گھوڑا حبشی خواجہ سرا ہے یعنی مشکی اور آختہ! آپ سوار ہونے کا ارادہ کریں گے۔ یہ چل دے گا۔ حکیم صاحب نے اس کی اطلاع پہلے سے دے دی تھی لیکن مجھے کوئی تردد نہیں ہوا اس لیے کہ اپنے دوسرے دوست سید محمد عبدالجلیل صاحب پر اکٹر مسلم یونیورسٹی کے تانگے پر بیٹھ چکا تھا

جو سیلف اسٹارٹر اور رگ اسٹارٹر دونوں تھا۔

حکیم صاحب کے تانگے پر بیٹھ کر کوئی شخص نہ اپنے آپ کو محفوظ خیال کر سکتا تھا نہ دوسروں کو جو سڑک پر چل رہے ہوں یا دکان پر بیٹھے ہوں۔ چال جیسے کڑی کمان کا تیر۔ تیور جیسے کسی دیہاتی تھانے کا تھانیدار۔ کسی کو نہیں معلوم کس وقت یہ سڑک چھوڑ کر کسی دکان میں داخل ہو جائے گا یا تانگے سمیت بالاخانے پر چڑھ جائے گا۔ گومتی سے متصل سڑک پر اس بے پناہ رفتار سے چلا جا رہا تھا جیسے رفتار کا ریکارڈ قائم کرنے کے لیے کوئی شخص سمندر کے کنارے ریت پر موٹر چلا رہا ہو۔ جادۂ مستقیم سے ذرا انحراف ہو جائے تو یہ تانگہ اپنی مشمولات کے ساتھ دریا میں جا رہا ہے۔ لکھنؤ میونسپل بورڈ نے سڑک اور دریا کے درمیان کوئی آڑ نہیں قائم کی ہے اس فروگذاشت کا جو شخص ذمّہ دار ہو اسے حکیم صاحب کے اس تانگے پر سوار کر کے ریور بنک روڈ کی طرف ہانک دینا چاہیے۔

برف حکیم صاحب کی ایسی ایک کمزوری ہے جس پر وہ نہ کبھی قابو پا سکے۔ گرمی کے موسم میں برف نہ دستیاب ہو اور یہ معلوم ہو کہ صرف قطب شمالی پر مل سکتی ہے تو وہ اپنے تانگے پر قطب شمالی کے لیے روانہ ہو جائیں گے۔ ایک دن ہم دونوں اس تانگے پر ہسپتال گئے۔ مختلف مقامات پر آتے جاتے اور زینوں پر چڑھتے اترتے دوپہر ہو گئی۔ دھوپ کی شدت لو کے تھپیڑے دفعتاً حکیم صاحب پر پیاس کا غلبہ ہوا مجھے ساتھ لے تانگے پر بیٹھ چوک کے لیے روانہ ہو گئے۔ تانگہ چوک میں اس طرح داخل ہوا جیسے کوئی بھونچال آ گیا ہو کسی دکان کے پردے سے الجھا کسی کا سائن بورڈ سر بسجود ہو گیا کتنے برف والوں کی دکانیں راستے سے گزر گئیں کتنے اپنے اپنے اعضا کی خیر مناتے، ہم کو گھورتے یا گالی دیتے ہوئے۔ ادھر اُدھر کترا گئے۔ میرا بیٹھنے اور چوکنا رہنے کا انداز ان جاکیوں کا تھا جو ریس میں گھوڑوں کی پشت پر نظر آتے ہیں۔ گھوڑے نے ایسے مقام پر جا کر دم لیا جس کے ایک طرف کارگاہِ شیشہ گراں دوسری سمت مٹی کے رنگین کھلونے بیچنے والوں کی دکان اور بالاخانوں پر۔

"ڈھونڈے ہے پھر کسی کو لبِ بام پر ہوس!"

ہم دونوں تانگے سے اتر پڑے اور اسے بہ وقت تمام ایک ایسے مقام پر کھڑا کر دیا گیا

جس کے سامنے ایک طویل سائبان جیسی عمارت تھی۔ ہم شربت پینے کی مہم پر روانہ ہوگئے۔ ابھی گلاس ختم نہیں کر پائے تھے کہ اک شورِ محشر خیز اٹھا جاکر دیکھتے ہیں تو گھوڑا تانگے سمیت سائبان میں داخل ہے اور سامنے کی دیوار پر چڑھ جانے کی کوشش کر رہا ہے۔ گھوڑا تانگہ کوچوان تماشائی سب کے سب "دست افشاں پائے کوباں نعرہ زناں" لڑکے تالی بجا رہے تھے، عورتیں چیخ رہی تھیں بوڑھے لعنت بھیج رہے تھے، کچھ نوجوان بے فکرے ہماری مدد کر رہے تھے اور کچھ گھوڑے تانگے کو شہ دے رہے تھے۔ غرض کسی نہ کسی طرح تانگہ نکالا گیا اور ہم وہاں سے واپس ہوئے۔

چاہا تھا کہ آپریشن کی خبر عام نہ ہو پائے۔ لیکن ہوا یہ کہ یہ سب کو معلوم ہوگیا۔ بزرگوں، عزیزوں، دوستوں کی آمد شروع ہوگئی۔ محبت اور شفقت کی کیسی کیسی باتیں سننے اور کیسے مظاہرے دیکھنے میں آئے۔ جہاں تک ہو سکتا تھا کچھ اپنی طرف سے بہت کچھ خدا کی طرف سے کبھی ان کو کبھی اپنے کو اطمینان دلاتا تھا جو ہونے والا تھا ٹھیک تھا۔ اس لیے اور بھی کہ بیماری کی تکلیف ناقابلِ برداشت ہوچکی تھی!

بالآخر یوریپین وارڈ کے ایک کمرے میں پہنچ گیا۔

وہ مرا پہلے پہل داخلِ زنداں ہونا۔ کشادہ، ستھرا، روشن، خوبصورت کمرہ آرام دہ نرم سفید بستر، صاف شفاف فسلخانہ مستعد خدمت گزار، خوبصورت نرسیں۔ لیکن ان تمام خوبیوں سے مرصع یا مسلح چیر پھاڑ اور مرہم پٹی کا وہ سامان تھا جو ایک طرف میز پر ہماری پذیرائی کے لیے چشم براہ تھا، جن کو دیکھ کر آرزوؤں کے بہت سے غنچے کھلنے سے پہلے مرجھانے لگے کھانے پینے کی اچھی سے اچھی چیزیں فراہم کی جانے لگیں۔ مقررہ اوقات میں احباب واعزا آتے اور اپنے خلوص و محبت سے شادمان وشاد کام کرجاتے۔

اس کے ساتھ ہسپتال کے جتنے متعلقہ ڈاکٹر یا طالب علم تھے، جب جی چاہتا اس عجوبۂ روزگار مریض کو کبھی تنہا کبھی گروپ میں آکر دیکھ جاتے طرح طرح سے بیان لیتے اور جرح کرتے۔ دوسری طرف آپریشن کی تیاری کے سلسلے میں مریض کے ساتھ جتنے نرم گرم سلوک کیے جانے تھے وہ سب کیے جانے لگے۔ دو ہی ایک دن میں وہ سارے حوصلے پست ہوگئے

جو یہاں پہنچ کر پہلے دن ذہن میں پیدا ہوئے تھے۔ مرض کی داستاں سناتے سناتے اور آپریشن کے خیر مقدم میں بعض نامعقول آداب بجالاتے لاتے ادھ موا ہو گیا۔ ایسا نہ کیا جائے تو شاید یورپین وارڈ کی عیش سامانی اور نضا مریض کو ہسپتال کی ڈسپلن میں طرح طرح سے مخل ہونے پر مختار بھی کر دے اور مجبور بھی!

آپریشن سے ایک دن پہلے سب نے دلاسا دیا۔ڈاکٹروں نے اپنے طور پر نرسوں نے اپنے انداز سے عزیزوں اور دوستوں نے اور طریقوں سے۔ بالآخر وہ صبح آئی جب نوٹس ملا کہ پندرہ منٹ کے اندر تیار ہو جاؤ۔ میں نے وضو کیا دو رکعت نفل ادا کی۔ اور دعا مانگی خدایا جو کچھ پیش آرہا ہے وہ بالکل درست ہے اب تک تو نے مجھ پر جو احسان کیا ہے، تو علیم ہے مجھے اس کا کیسا اقرار ہے اور تیرا کتنا شکر گزار ہوں۔ ایک تمنا یہ ہے کہ اگر آخر وقت آگیا ہے تو میری یاد کو مجھ سے محبت کرنے والوں کے لیے آسان کر دے۔ زندگی میں، میں نے تجھے اکثر بھلایا ہے اس کے گواہ بہت ملیں گے لیکن اس وقت صرف تجھے یاد کر رہا ہوں۔ اس کا گواہ صرف تو ہے۔ اس کے بعد ایک ڈاکٹر نے مورفیا کا انجکشن دیا اور دو خدمت گاروں نے بیماروں کی کرسی پر بٹھا کر آپریشن تھیٹر پہنچا دیا۔

کرسی سے اتر کر آپریشن تھیٹر میں داخل ہوا۔ جو میز بتائی گئی اس پر لیٹ گیا۔ سرہانے سے ایک ڈاکٹر نے کلوروفارم دینا شروع کیا۔ خیال آیا دیکھوں کلوروفارم کا اثر کس طور پر ہوتا ہے اس لیے ارادہ کر لیا کہ ہو سکے تو بیہوش ہو جانے میں عجلت سے کام نہ لوں بلکہ کلوروفارم کے اثر کی مدافعت کروں نتیجہ یہ ہوا کہ دیر تک کلوروفارم دیتے رہے لیکن بے ہوشی طاری نہ ہوئی البتہ یہ معلوم ہوتا تھا جیسے کوئی چیز حلق میں رہ رہ کر اٹکتی اور سوزش پیدا کرتی ہے۔ یہ تجربہ تکلیف دہ ثابت ہوا اس لیے مدافعت ترک کر دی چند ہی سکنڈ میں ایسا معلوم ہوا جیسے دماغ دھنی ہوئی روئی کے مانند تھا جس کو آگ دے دی گئی ہو، پھر خبر نہیں کیا ہوا۔

آنکھ کھلی تو کمرے میں تکیوں کے سہارے لیٹا ہوا پایا۔ سر پر بھیگا ہوا تولیہ لپٹا ہوا تھا۔ نہ آپریشن کی کوئی تکلیف تھی اور نہ کلوروفارم کا کوئی اثر نہ کمزوری معلوم ہوتی تھی۔ پرائیوٹ نرسیں رکھ لی تھیں۔ پوچھا کیسا آپریشن رہا۔ جواب دیا نہایت کامیاب لیکن خاموش رہو۔ مجھ پر بھی کچھ تکان سی غالب تھی تھوڑی دیر میں

نیند آگئی۔ سہ پہر میں آنکھ کھلی تو چھوٹے بھائی کو جنھیں ہمہ وقت ساتھ رکھنے کی اجازت لے لی گئی تھی قریب پایا۔ کچھ دیر تک آپریشن کا حال پوچھتا رہا۔ پیاس کا غلبہ تھا۔ سنترے کا تھوڑا سا عرق پیا پھر سو رہا۔ رات ہوئی اور تکالیف کا آغاز ہوا۔ یہ معلوم ہوتا تھا جیسے گردہ کی مضافات کی رگیں آتشِ سیّال بن گئی ہوں اور دردِ گردہ پوری شدت سے عود کر آیا ہو۔ کیسی بھیانک تکلیف تھی۔ ڈاکٹر نے آکر مورفیا کا انجکشن دے دیا اور صبح تک کے لیے غافل ہو گیا۔ یہ حالت شب میں تین چار روز رہی اور مورفیا کا انجکشن دیا جاتا رہا۔ لیکن ڈاکٹر نے بتایا کہ نیند لانے کے لیے منوّم دواؤں کا محتاج ہونا اچھا نہیں۔ کوشش کرو کہ نیند خود آجایا کرے۔ چنانچہ انجکشن کا سلسلہ بند کر دیا گیا اور کچھ دنوں بعد نیند حسبِ معمول آنے لگی۔

مگر چند راتیں جس کرب سے گزریں وہ بھی نہ بھولیں گی۔ ڈاکٹروں نے بتایا کہ یہ سب اعصاب کا کرشمہ ہے۔ چونکہ گردہ نکالا گیا ہے اس لیے متعلقہ جتنے اعصاب ہیں ان میں کرب پیدا ہو گیا ہے۔ یہ کیفیت عارضی ہے خود بخود جاتی رہے گی۔ لیکن اس سمجھانے کے باوجود کچھ دنوں آہ و بکا و اظہارِ مایوسی و درماندگی کا مظاہرہ اس طرح کرتا رہا کہ تیماردار پریشان ہو گئے اور نرسوں اور ڈاکٹروں نے درشت لہجے میں میری خبر بھی لی۔ چار پانچ دن بعد تکالیف میں تخفیف شروع ہو گئی۔ ساتویں دن ٹانکے کاٹ دیے گئے اور سہارے سے اٹھنے بیٹھنے لگا۔

اب تاکید کی جانے لگی کہ "کھاؤ پیو اور ٹہلو۔" موسم گرما اور خربوزے دونوں شباب پر تھے۔ لکھنؤ میں قیام کر کے لکھنؤ کے خربوزے کبھی نہیں کھائے تھے۔ اس کا بھی لطف اٹھایا۔ لکھنؤ ہی میں صبح و شام کے تازے اور باسی خربوزوں کی لطافت اور لذت میں فرق آجاتا ہے چہ جائیکہ نقل و حمل کے فشار سے گزار کر ان کو باہر لے جایا جائے اور پھر کھانے کی نوبت آئے۔ اہلِ لکھنؤ کا تو یہاں تک خیال ہے کہ فالیز پر جا کر کھانے اور گھر پر لاکر کھانے سے لذت و خوشبو میں فرق آجاتا ہے۔

آج کل طرح طرح کے علاج دنیا میں رائج ہیں۔ غذا سے، پانی سے، دودھ سے، روشنی سے، نمک سے، جھاڑ پھونک سے۔ غالباً وہ دن بھی دور نہیں جب خربوزے سے بھی علاج کیا جانے لگے گا۔ مثلاً مایوس العلاج کا علاج لکھنؤ کے خربوزوں سے اور بقیہ کا دوسرے مقامات

کے خربوزے سے البتہ ہر حال میں پرہیز علی گڑھ کے خربوزے بتایا جائے گا۔ لکھنؤ کے پھلوں میں جہاں ذائقے لطافت خوشبو کے نازک سے نازک مدارج ملیں گے، علی گڑھ کے پھلوں میں صورتِ حال بالکل برعکس ہوگی۔ اس تن و توش کے بدمزہ اور بے مزہ خربوزے شاید ہی کہیں اور ملیں۔ ان میں سب سے غنیمت وہ ہوگا جو بے مزہ ہوگا۔ اگر مساوات کے تقاضوں کی بنا پر ان کو بھی دوا کے مصرف میں لانا ضروری ہو تو پھر ان کو ضماد تکمید و تدہین کی شکل میں استعمال کرنے کی اجازت ہوگی۔ وہ بھی کسی خربزہ (خربوزوں سے علاج کرنے کا ماہر) کی براہِ راست نگرانی میں!

آموں کی بھی فصل شروع ہو چکی تھی۔ آموں کی بعض اقسام لکھنؤ سے بہتر کہیں اور نہ ملیں گی۔ ان کے حسب و نسب پر اظہارِ خیال کرنا طوالت کا باعث ہوگا۔ دوستوں اور عزیزوں نے ان پھلوں کے علاوہ لکھنؤ کی مشہور مٹھائیوں، کھانوں اور دوسری اچھی چیزوں سے جس میں ان کی محبت سب پر غالب تھی، جس جس طرح مجھے نوازا وہ بھی بھول نہیں سکتا۔ تعجب ہے لکھنؤ کی ان نعمتوں اور نفاستوں کا اثر سب پر خاطر خواہ پڑا سوا وہاں کی شاعری کے بہر حال اپنے مرض اور لکھنؤ کا میرا تجربہ یہ ہے کہ اگر استطاعت ہو تو مریض کو اپنا علاج خربوزہ اور آموں کی فصل میں لکھنؤ میڈیکل کالج کے ہسپتال میں یورپین وارڈ میں رہ کر کرانا چاہیے۔

ہسپتال کا ماحول طبیعت پر افسردگی طاری کر دیتا ہے ہر سمت قدم قدم پر مرض، تکلیف اور بے بسی کا احساس ملتا ہے۔ جس کو تندرست ڈاکٹر اور تندرست نرسوں کی مستعدی، مصروفیت اور مسلسل آمد و رفت اور زیادہ وحشت انگیز بنا دیتی ہے۔ صفائی اور باقاعدگی بڑی اچھی چیزیں ہیں، لیکن ہسپتال اور جیل خانے کی صفائی اور باقاعدگی مجھ پر وہ خوش گوار اثر نہیں ڈالتی جتنی کہیں اور کی۔ لیکن اس تصویر کا دوسرا رخ اتنا ہی روشن بھی ہے۔ عرفیؔ کو آستانۂ محبوب سے

ہمہ شوق آمدہ بودم ہمہ حرماں رفتم!

کہتے ہوئے واپس آنا پڑا تھا لیکن اچھے ہسپتالوں میں مریض مایوس آتا ہے اور بالعموم شادکام واپس آجاتا ہے۔ اردو شعرا درد اور دوا دونوں کے لیے کوچۂ محبوب میں آمد و رفت رکھتے ہیں اس لیے شعر بھی اسی قسم کے کہتے ہیں۔ چونکہ داخلِ ہسپتال بہت کم ہوتے ہیں اس لیے

ہمہ درد آمدہ بودم ہمہ نغمہ رفتم: کے انداز کے شعر کہنے کا اتفاق نہیں ہوتا۔

سائنس، ایجادات اور مشق و مہارت نے فنِ جراحت کو کس درجہ حیرت انگیز بنا دیا ہے۔ مشکل تصور میں آسکتا ہے۔ لکھنؤ میڈیکل کالج اور ہسپتال کے سرجن ڈاکٹر آر۔ این بھاٹیہ نے میرا آپریشن کیا تھا۔ انھوں نے جتنی جلد اور جس وثوق سے مرض کی تشخیص کی وہ بجائے خود ایک کارنامہ ہے۔ پھر جس دلنشیں انداز سے مرض کی نوعیت اور آپریشن کی ضرورت بتائی وہ بھی کم ڈاکٹروں کے حصے میں آیا ہوگا۔ میں نے کسی قدر فکرمند ہو کر دریافت کیا اور آپریشن کے کامیاب یا ناکامیاب ہونے کے بارے میں پوچھا تو فرمایا جسم میں سوئی چبھونا بھی خطرے سے خالی نہیں لیکن تردّد کی بات نہیں ہے کوئی وقت یا نزاکت پیش نہ آئے گی۔

آپریشن ہو گیا اور جتنی تکالیف تھیں وہ گردے کے ساتھ اب لکھنؤ میڈیکل کالج کے عجائب خانے میں منتقل ہو چکی تھیں۔ جسم کے ماؤف حصے کو اس طور پر کاٹ کر پھینک دینا یا اس کی اصلاح کر دینا کہ نظامِ جسمانی میں کوئی خلل نہ آئے اور وجہِ آزار دور ہو جائے کتنا بڑا اور مشکل کام ہے! جسے انسان کے حوصلے، عقل، محنت اور محبت نے پورا کر دکھایا ہے۔ پھر اس خیال سے کتنی راحت اور تقویت محسوس ہوتی ہے کہ زمانہ کی ترقی کے ساتھ انسان بیماری، مفلسی، جہالت اور خوف کے کیسے کیسے عذابوں سے نجات پا جائے گا اور آسودگی، صلح اور آرزومندی کی زندگی بسر کرنے لگے گا۔ آج سے پہلے جب بلا اور بیماری کو دور کرنے کی تدابیر انسان کے قابو میں نہیں آئی تھیں کیسی کیسی عزیز جانیں کس عذاب اور بے بسی سے تلف ہوئیں ان کا خیال آتا ہے تو رونگٹے کھڑے ہو جاتے ہیں۔

ڈاکٹر عبدالحمید صدیقی ہاؤس سرجن تھے اور میری دیکھ بھال ان کے سپرد تھی۔ کتنے محنتی محبتی اور اپنے فن میں طاق ہیں۔ کسی وقت سرجری میں وہ اپنے استاد ڈاکٹر بھاٹیا کے ممبر بن جائیں گے۔ اس میں اتنا عرصہ لگے گا جتنا، فتنہ، کو، قیامت، ہونے میں لگتا ہے۔ ایک دن بیمار ہو کر ہاسپٹل کے کمرے میں آ گئے۔ ملیریا کی گرفت میں تھے لیکن جس طرح سے انھوں نے ملیریا کی توہین کی تھی اس سے خیال ہوتا ہے کہ یہ مرض پھر کبھی ان سے اختلاط پیدا نہ ہوگا۔ ڈاکٹر ظریف ہاؤس فزیشین تھے۔ اکثر آجایا کرتے تھے۔ علی گڑھ کے گنہ گاروں میں

ہیں۔ وہی خلوص یگانگت اور بے تکلفی جو علی گڑھ والوں میں ملتی ہے۔ مجھے ان لوگوں پر ترس آتا ہے جو علی گڑھ میں طالب علمانہ زندگی نہیں بسر کر سکے ہیں۔ کسی علی گڑھ والے کے سامنے علی گڑھ کا نام لیجیے پھر دیکھیے وہ کیا سے کیا ہو جاتا ہے۔ تھوڑی دیر کے بعد اپنے مصائب اور مناصب سب بھول جائے گا۔ اس کا تصور زمان و مکان سے آزاد کرکے اس کو کالج کے آغوش میں پہنچا دے گا۔ وہی کمرے وہی ڈائننگ ہال، وہی مسجد وہی یونین، وہی کپی بارک وہی کرکٹ فیلڈ وہی شرارتیں صحبتیں اور سرگرمیاں جن سے وہ اب دور اور محروم ہے!

جب کبھی علی گڑھ سے باہر گیا اور کسی علی گڑھ کے طالب علم سے ملاقات ہوئی تو ایسا معلوم ہوا جیسے کالج ہی میں ہوں اجنبی یا غریب الدیار محسوس کرنے کی کوئی وجہ نہیں۔ کسی تکلف یا تصنع کی ضرورت نہیں۔ کبھی کبھی اپنے اعزا سے بھی تکلف سے ملنا پڑتا ہے لیکن علی گڑھ اتنا بڑا خاندان ہوتے ہوئے ایسا خاندان ہے جس کے کسی فرد سے ملنے میں کسی طرح کی جھجک محسوس نہیں ہوتی۔ جیسے فریقین کے پاس ایک دوسرے سے چھپانے کی کوئی بات نہ ہو۔ اگر ایک وائسرائے ہے اور دوسرا صرف ایک کلرک لیکن دونوں پروردۂ علی گڑھ ہیں تو اس طور پر ملیں گے گویا دونوں ایک سطح پر ہیں۔ وہ سطح جو علی گڑھ نے قائم کی ہے اور جس پر خود علی گڑھ قائم ہوا۔

ایک بار کسولی (مضافات شملہ) کا سفر کر رہا تھا۔ انبالہ کے اسٹیشن پر آنکھ کھلی تو معلوم ہوا کہ نقدی کا ٹبوا تکیہ کے نیچے سے غائب ہے۔ علی گڑھ سے دور اجنبی مقام پر جب کہ سفر کا کافی حصہ باقی تھا اس حادثے کے پیش آ جانے سے پریشانی ہوئی۔ کانکا پر اتنی دیر ٹھہر بھی نہیں سکتا تھا کہ روپے کے لیے علی گڑھ تار دیتا۔ خیال آیا کہ دیکھوں کوئی علی گڑھ کا آدمی تو نہیں سفر کر رہا ہے۔ پلیٹ فارم پر تھوڑی ہی دور گیا تھا کہ ایک صاحب میری طرف بڑھتے ہوئے نظر آئے۔ سلام کیا میں نے جواب دیا اور پوچھا مجھ سے واقف ہیں۔ انھوں نے بتایا کہ علی گڑھ کے طالب علم ہیں اور اچھی طرح جانتے ہیں اس لیے ملنے آ گئے تھے۔ میں نے کہا میرے روپے چوری ہو گئے اگر آپ کے پاس کافی روپے ہوں تو کچھ مجھے قرض دے دیں۔ انھوں نے دے دیے، وہ شملہ جا رہے تھے میں نے علی گڑھ خط لکھ دیا کہ اتنے روپے شملہ کے پتے پر بھیج دیے جائیں۔ چند منٹ کے اندر ساری تشویش ختم ہو گئی۔ اس واقعہ کے بعد یہ بات ذہن میں بیٹھ گئی کہ اگر کبھی کوئی جرم

کر کے علی گڑھ سے مفرور ہونے کی صورت پیش آئی تو غالباً دوسرے یا تیسرے اسٹیشن پر پکڑ لیا جاؤں گا اس لیے کہ دور افتادہ مقامات پر بھی میری ملاقات کسی نہ کسی علی گڑھ والے سے ضرور ہو گی۔ یہ کچھ مجھی پر منحصر نہیں ہے علی گڑھ کے ہر طالب علم کو اگر وہ کچھ دن رہ چکا ہے، یہ حادثہ پیش آئے گا!

مریضوں کی ہمہ وقت دیکھ بھال نرسوں سسٹر اور میٹرن کے سپرد ہوتی ہے جو اپنے فرائض بڑی خوبی مستعدی اور احساسِ ذمہ داری کے ساتھ انجام دیتی ہیں۔ مریض کی بہتری کے لیے ان کو سخت سے سخت اور ادنیٰ سے ادنیٰ کام کرنے میں بھی کبھی عار نہیں ہوتا۔ اس کی صحت اور عافیت کے مقابلے میں اپنی صحت و عافیت کا خیال نہیں کرتیں۔ ان میں یورپین، اینگلو انڈین، عیسائی، ہندوستانی سبھی ہیں۔ اول الذکر دو اپنے فرائض نسبتاً زیادہ مستعدی اور خوش اسلوبی سے انجام دیتی ہیں۔ ان کی ڈیوٹی ۸ بجے دن سے ۸ بجے رات تک ہوتی اس دوران میں کھانے پینے کے سلسلے میں شاید تھوڑی دیر تک ساکن رہتی ہوں ورنہ مسلسل مصروف رہتی ہیں۔ اندازہ یہ ہے کہ اور کاموں کے علاوہ کچھ اور نہیں تو اس بارہ گھنٹے میں یہ پانچ چھ میل کی پیادہ پا مسافت طے کر لیتی ہوں گی۔

یہاں ایک خاص نرس کا تذکرہ کروں گا۔ اس کی ڈیوٹی بالعموم رات کی ہوا کرتی تھی۔ مجھے یقین ہے دوا دینے ٹمپریچر لینے اور عام دیکھ بھال کا جو مقرّرہ پروگرام تھا اس کو پورا کرنے میں شاید ہی کبھی دو چار منٹ کی دیر یا سویر سے کام لیا ہو۔ ہر کام کو بڑی خوشدلی سے انجام دیتی تھی اس کو کبھی تھکا ہارا بیزار یا سرکہ جبیں نہیں پایا۔ آپریشن کے بعد کی چند راتیں بڑی سخت گزریں۔ گھنٹی کی ہر آواز پر پہنچ جاتی اور تکلیف دور کرنے کی طرح طرح کی تدبیر اختیار کرتی۔ کچھ دن بعد جب تکالیف کی شدت ختم ہو چکی تھی حسب معمول ۱۰ بجے رات کو ٹمپریچر لینے آئی پوچھا کیسے ہو میں نے جواب دیا یوں تو اچھا ہوں لیکن پڑے پڑے اپنے آپ کو بیوقوف سا محسوس کرنے لگا ہوں۔ کہا سو جاؤ یہ احساس بھی جاتا رہے گا۔ میں نے کہا پھر دوسرے احمق سمجھنے لگیں گے۔ بولی یہ صورت پہلے سے بہتر ہے!

ہسپتال میں مریضوں سے ملنے کے اوقات مقرر ہوتے ہیں، مثلاً دن میں پانچ بجے سے سات بجے تک۔ اس کے علاوہ اوقات میں ملنا تقریباً ناممکن ہوتا ہے۔ لیکن ہم ہندوستانی

اس طرح کی پابندی کا بہت کم لحاظ کرتے ہیں. اسکول کے ایک آشنا لکھنؤ میں مل گئے شکل صورت اچھی نہ تھی لیکن ہمیشہ اس ارمان میں رہے کہ کوئی دولت مند حسینہ ان پر عاشق ہو جائے. طرح طرح کے لباس پہنتے تھے اور عمر کبھی نہیں بتاتے تھے. ممنوعہ اوقات میں ملنے آتے اور ان کی مڈبھیڑ اس نرس سے ہو جاتی جو انھیں کی طرح بقول مولانا سہیل "باصرہ خراش" تھی جسے مزاج اور تیور کی درشتی نے اور زیادہ ناقابلِ تسخیر بنا دیا تھا۔ ان دوست کو نرسوں سے دلچسپی تھی. اکثر ان سے سلجھنے یا الجھنے کی کوشش فرماتے۔ اس وقت خاص لطف آتا جب یہ گھبرا کر یا غلط انگریزی بولنے کی رو میں، یس سر یا نو سر فرمایا کرتے تھے جس نرس کا اوپر ذکر آیا اس سے خائف رہتے تھے. آتے ہی پوچھتے کیوں جی اس کا تو کہیں آنے کا وقت نہیں ہے.

ان کو میرے کمرے کا غسلخانہ پسند آ گیا تھا. سپید صاف کشادہ ٹب کو پانی سے لبریز دیکھ کر سوچ میں پڑ جاتے تھے۔ ان کو معلوم نہ تھا کہ یہ غسل کرنے کا ٹب ہے۔ ایک دن اس کا پرچۂ ترکیب استعمال دریافت فرمانے لگے. میں نے کہا اس میں نہانے کی مشق ہونی چاہیے. ورنہ داخل ہو کر نکلنا دشوار ہو جاتا ہے. نادانستگی میں بعض جانیں تلف ہو چکی ہیں. پوچھا اس کے ایک سرے پر پیتل کی لمبی لمبی سلاخیں کیسی ہیں. جواب دیا اس میں ایک لمبی رسی باندھ لیتے ہیں جس کو نہاتے وقت پکڑے رہتے ہیں پھر اطمینان سے ڈبکیاں لگاتے اور دھوم مچاتے رہتے ہیں. بولے آخر مریض کیسے نہاتے ہیں میں نے کہا یہ ربر کا حلقہ رکھا ہوا ہے یہ لائف بلیٹ (LIFE BELT) ہے. اس سے مدد لیتے ہیں.

دراصل ربر کا یہ حلقہ جس کے اندر ہوا بھر دی جاتی ہے ان مریضوں کے بیٹھنے اور لیٹنے کے لیے ہوتا ہے جو عرصہ سے صاحب فراش ہوں یا جن کے بارے میں ایسا اندیشہ ہوتا ہے تاکہ ان کی پیٹھ یا کمر مجروح نہ ہونے پائے. فرمایا ایک دن اس غسلخانہ میں نہانا چاہتا ہوں. میں نے کہا ضرور اور ابھی کیوں نہیں. کہنے لگے برہنہ نہانا تو شرعاً منع ہے میں نے کہا قمیص سے تہبند کا کام لو. نہانے کے بعد دُھلی ہوئی قمیص میرے بکس سے نکال کر پہن لینا چنانچہ قمیص اور ربر کا حلقہ لے کر غسلخانہ میں داخل ہو گئے.

اندر پہنچ کر آواز دی وہ رسی کہاں ہے. میں نے جواب دیا رسی تو شاید نہ مل سکے. میں تو

کر بند سے کام لے لیا کرتا ہوں. ترکیب سن کر مطمئن ہو گئے. میں نے کہا غسلخانہ کا کواڑ اندر سے بند نہ کرنا شاید کوئی ضرورت پیش آجائے. اب انھوں نے نہانا اور گنگنانا شروع کیا. یہ معلوم ہوا جیسے ٹب میں دو مگر مچھ ایک دوسرے سے اختلاف یا اختلاط کر رہے ہوں. تھوڑی دیر میں اسی نرس کے پاؤں کی چاپ سنی جس کا ذکر اوپر آچکا ہے. میں سوتا بن گیا معزز خاتون کمرے میں داخل ہوئیں. دروازہ اندر سے بند نہ تھا اور باہر سے بھی معلوم ہوتا تھا کہ بند نہیں ہے موصوفہ بے تکلف غسلخانہ میں داخل ہو گئیں. ساتھ ہی دو چیخیں سنائی دیں.

اس دورِ ابتلا میں مجھ پر جو گذر گئی اور احباب اعزا اور بزرگوں نے اضطراب اور دوا دوش کے جیسے دن رات گزارے اس کا حال کیا بتاؤں. کچھ سمجھ میں نہیں آتا تھا. محبت کی یہ متاع گراں مایہ کبھی کبھی کسی بے بضاعت کو کتنی کم قیمت پر مل جاتی ہے.